앰부시 마케팅

2013년 8월 25일 초판 인쇄
2013년 8월 30일 초판 발행

지 은 이 | Arul George Scaria
옮 긴 이 | 노전표 · 최화열
펴 낸 이 | 이찬규
펴 낸 곳 | 북코리아
등록번호 | 제03-01240호
주　　소 | 462-807 경기도 성남시 중원구 상대원동
146-8 우림2차 A동 1007호
전　　화 | 02)704-7840
팩　　스 | 02)704-7848
이 메 일 | sunhaksa@korea.com
홈페이지 | www.북코리아.kr
I S B N | 978-89-6324-288-0(93320)

값 12,000원

앰부시 마케팅

Arul George Scaria 지음
노전표 · 최화열 옮김

:: 지은이의 말

앰부시 마케터는 스폰서가 있는 이벤트에 초대받지 않은 손님이다. 더 구체적으로 설명하면, 비 스폰서가 스폰서가 존재하는 행사에서 자신이 관련되어 있다는 인상을 주기 위해서 행사와 공식적인 연계 없이, 그리고 그것과 관련된 재정적인 책임을 지지 않으면서 놀라운 등장을 하는데, 이러한 앰부시 마케팅도 마케팅의 한 종류라고 할 수 있다. 말할 필요도 없이, 그러한 개입과 앰부시 마케팅을 통해 만들어진 잘못된 인상은 스폰서들에게뿐만 아니라 행사 주최자들에게까지도 엄청난 결과를 가져올 수 있다. 스폰서십은 전 세계 행사 주최자들에게 있어서 가장 중요한 수익원이며, 기업들에게는 그들의 브랜드를 홍보하기에 효과적인 전달자이다. 그러나 행사와의 연계 독점성이 적절히 보호되지 않는다면 스폰서십의 잠재적 가치는 줄어들 것이라는 점은 확실하다.

오늘날 대부분의 행사 주최자들은 앰부시 마케팅 행동의 위협을 받고 있으며, 많은 행사 주최자들은 그들 스스로가 달갑지 않은 소송에 얽매여 있다는 것을 발견한다. 때로는 행사 주최자들은 스폰서들의 정당한 독점권 보호 실패로 인해 스폰서십 비용의 일부를 반납할 것을 강요 받기도 한다. 많은 연구에서 지적했듯, 앰부시 마케팅의 존재는 그러한 이벤트의 스폰서십 가치를 떨어트릴 수 있으며, 말할 것도 없이 스폰서십의 감소는 미래에 월드컵과 올림픽 같은 대규모 이벤트를 여는 데 큰 타격이 될 것이다.

앰부시 마케팅에 대한 논쟁은 지적재산권법의 관점에서 논의되어 왔다. 최근 증가한 앰부시 마케팅 사건이라는 맥락에서 볼 때, 합법성이나 위법성에 대한 질문은 특히 중요하다. 학계의 진지한 주목을 거의 받지 않은 영역으로서, 앰부시 마케팅 활동은 흥미진진한 지식의 학제간 영역 안에서 새로운 영역을 개척하려 한다. 나는 의미 있는 논의만이 우리를 앰부시 마케팅에 대항할 수 있는 실현 가능한 법적 장치로 이끌 수 있다고 진심으로 믿고 있다. 그에 대한 답변들이 현존하는 민주적인 가치를 무시하지 않거나 더 큰 대중의 이익을 간과하지 않는다는 것 또한 중요하다. 지적 재산권법은 앰부시 마케팅 사안을 어떻게 인식하고 다루는가? 기존의 법적 제도는 앰부시 마케팅에 어떻게 대응하는가? 실제 적용할 수 있는 실행 가능한 해결책은 무엇인가? 행사 특정 반 앰부시 마케팅 법안이 위협을 감소시키는 데 얼마나 효과가 있는가? 헌법과 경쟁법의 관점에서 행사 특정 반 앰부시 마케팅 법안의 부수적인 효과는 무엇인가? 여론은 앰부시 마케팅 제한을 어떻게 적절히 수용할 것인가? 이러한 질문들은 자세하게 문제 제기 될 것이며, 다음 장들에서 다양성의 관점을 통해 살펴보게 된다. 이러한 시도는 문제에 대한 결론적인 해답을 제시하기 위한 것이라기 보다, 상대적으로 미개척 분야를 조명하고 더 나은 해결책을 마련할 수 있도록 유익한 논의를 하기 위해 학계, 법률전문가, 경영자, 그리고 대중들의 관심을 모으기 위한 것이다.

이러한 일은 최근 진행되고 있고, 나는 다양한 부문의 풍부한 조언을 통해 큰 혜택을 받았다.

Hyderabad시에 있는 NALSAR 법과대학의 조교수 V.K.Unni는 나에게 이 분야에서 지적 재산권과 관련하여 이 주제를 분석하라고 격려하였고, 나를 이 연구의 다음 단계로 이동할 수 있도록 귀중한 안내를 해주었다. V.K.Unni는 늘 격려하며 깊은 통찰을 주는 지침이 되었다. Thiruvananthapuram에 위치한 Centre for Development Studies의 강사인 V.J.Varghese는 그의 고마운 수고와 관여를 통해 처음부터 나를 지지해주었다.

나는 Bangalore에 위치한 인도 대학의 국제법과대학의 Ramakrishna에게 주제에 대한 유익한 논의를 위해 그의 귀중한 시간을 할애한 것과, Cochin 과학기술대학 법학 연구 학교의 관리자인 N.S.Gopalakrishnan에게 법학 연구 학교의 I.P.R. 자료실을 이용할 수 있게 해 주신 것에 감사를 표한다. 나는 Hyderabad에 위치한 NALSAR 법학대학, Bangalore에 위치한 인도대학 국제법과대학, Cochin 과학기술대학, 그리고 Hyderabad에 위치한 Hyderabad 중앙대학의 사서와 모든 다른 도서관 직원들에게 내가 연구하는 동안 그들의 지원에 진심으로 감사한다. 나는 NALSAR의 Hardeep Singh Aujla, Roney Jose Kurian, K. Parameshar, Mayank Bharanwal, 그리고 Sophy Joseph과 함께 논의 한 것과 내가 얻은 것에 대하여 기꺼이 인정한다.

나는 또한 OUP•의 두 익명의 검토자들에게도 감사를 표한다. 그들의 비판과 칭찬의 논평은 현 연구를 개선하는 데 큰 도움이 되었다. OUP의 Commissioning Editor와 함께 일한 것은 즐거운 경험이었으며, 그녀는 응원해주었고 늘 그녀의 도움은 한결같았다. 모든 OUP 팀에게 감사했던 것처럼, 그녀에게도 정확하고 능률적으로 자료를 제공해 준

• OUP: Oxford University Press (옥스퍼드 대학교 출판부)

것에 대하여 특별히 감사한다.

Anil K. Gupta와 National Innovation Foundation의 Honey Bee family의 모든 구성원들에게 특별히 감사한다. 그들은 지적 환경에 대해서 이 연구의 최종 단계까지 자문을 아끼지 않았다. 나의 부모님인 Scaria Zacharia과 Marykutty Scaria, 나의 여동생인 Suma, 그리고 나의 아내 Sandy는 처음부터 책의 제작 권리에 대한 어려움과 기쁨을 같이 나누었다. 한결 같은 지원과 믿음이 없었다면 이 연구는 불가능했을 것이며, 나는 그들의 입장에서 항상 수용하고자 노력했다.

앰부시 마케팅의 도전적인 영역이 나를 매혹시켰던 것처럼 많은 사람의 관심을 끌기를 진심으로 바라며, 나는 이 책을 독자들에게 바친다.

Arul George Scaria

:: 역자 서문

국제올림픽위원회의 정의에 따르면 앰부시 마케팅은 행위주체의 고의성 여부를 떠나서 올림픽 무브먼트나 올림픽 대회와의 상업적인 연관성을 가장하는 행위로써 그 내용이 거짓되고 허가되지 않은 것을 지칭한다. 앰부시 마케팅은 비단 올림픽 대회에만 국한되지 않고 다양한 국제행사나 스포츠 이벤트에서 공식스폰서가 아니지만 마치 스폰서인 것처럼 이미지를 구축함으로써 부당한 이득을 취하는 전략이다. 엄청난 스폰서십 비용을 감당하기 힘든 기업에게는 앰부시 마케팅이 매력적인 마케팅 수단으로 보일 수 있지만 법적으로 허용되지 않는 비윤리적인 위반 행위로 간주된다. 왜냐하면 앰부시 마케팅은 공식스폰서의 마케팅 활동에 무임승차하거나 심지어는 방해하려는 의도가 있기 때문이다. 최근 개최된 2012 런던올림픽에서 수백 명의 경찰이 앰부시 마케팅을 단속하였지만 나이키는 올림픽 개최지명 런던을 활용해 'Find Your Greatness' 라는 앰부시 광고를 보란 듯이 선보이기도 했다. 앰부시 마케팅 기법이 점점 더 정교해지면서 공식 스폰서는 물론 개최측은 이러한 비윤리적인 마케팅 활동에 대응하기 위해 더욱 강력한 반 앰부시 마케팅 처방을 개최도시 및 지역에 요구하고 있다.

앰부시 마케팅에 대한 가장 최선의 처방은 치료보다 예방적 조치이다. 이를 위해 당사자들과의 조정 및 악영향에 대한 이해와 교육이 우선되어야 한다. 본 책은 앰부시 마케팅의 풍부한 사례를 소개하면서 앰부시 마케팅의 부작용과 악영향을 특히 법적인 측면에서 명쾌하게 설명하고 있다. 특히 지배적 지위의 오용이라는 부정적인 측면과 합법적 권한의 보호라는 긍정적인 측면을 대조하면서 앰부시 마케팅 제재 조치의 양면성을 심도 있게 다루고 있다. 지금까지 앰부시 마케팅의 위법성에 대해 학문적으로 깊이 있게 논의한 문헌이 드물기 때문에 본 책은 학문적으로나 실무적으로 의미 있는 기여를 하고 있다. 특히 2018평창동계올림픽 개최국으로서 우리나라는 앰부시 마케팅을 미연에 철저히 방지하고 스폰서를 포함해서 국제올림픽위원회 및 대회 참가자들에게 전례 없는 가치를 제공할 수 있어야 한다. 이를 위해 비윤리적이고 불법적인 마케팅 활동을 철저히 금지하고 예방할 수 있어야 할 것이다. 이를 위해 본 책은 앰부시 마케팅의 속성을 이해하고 대비책을 강구하는데 매우 도움이 된다.

본 책은 전체 5장으로 구성되어 있는데, 1장에서는 상표권의 가치와 스폰서십의 매력을 소개하고 있고, 2장에서는 앰부시 마케팅의 정의와 범위 그리고 영향 및 효과를 다루고, 3장에서는 앰부시 마케팅의 전통적 법적 조치와 그들의 한계점을 소개하고, 4장에서는 변화하는 환경변화에 부응하는 앰부시 마케팅의 새로운 해결 방안을 제시하고, 마지막으로 5장에서는 반 앰부시 마케팅 조치의 합법성에 대하여 심도 있게 다루고 있다. 특히 반 앰부시 마케팅 활동과 기존 경쟁법과의 마찰 가능성 및 지배적 지위의 오용 문제 등을 제기함으로써 반 앰부시 마케팅 활동을 새로운 시각에서 재조명하고 있다.

본 역서를 준비하는 과정에서 격려와 조언을 아끼지 않았던 2018 평창동계올림픽조직위원회 여러분들에게 감사드리고, 모쪼록 2018년 성공적인 올림픽 개최를 위해 조금이나마 도움이 되었으면 한다.

2013년 8월

노전표 · 최화열

서 론

카리비안 제도에서 개최되었던 2007년 ICC• 크리켓 월드컵이 시작하던 2007년 3월 13일, 전 세계의 크리켓 팬들이 열광적으로 경기 시작을 기다리고 있는 동안, 또 다른 사람들은 크리켓이 아닌 다른 무엇 때문에 매우 불안해하고 있었다. 크리켓과 같은 메가 스포츠 축제는 단순히 경기의 즐거움이나 진정한 스포츠 팬들을 위한 여흥을 넘어서 다양한 소비자들의 필요를 충족 시켜준다. 잠재적 소비자들의 마음의 문을 여는 최고 수단이라고 여겨지는 메가 이벤트의 스폰서십은 여러 대륙에 걸쳐 광적인 관중들을 통해 기업의 세계에 엄청난 기회를 준다. 현재 마케팅 전략들 중에 새로운 브랜드를 출시하거나 기업 이미지를 소비자 상식 수준으로 올리기 위해 주요 운동 경기의 스폰서가 되는 것의 매력적인 효과는 과히 놀라운 수준이다.

하지만 새로운 소비자들을 유치하거나 기존 소비자들을 유지하기 위해 쓰는 적극적인 마케팅 방법은 대체로 스폰서들이 정말 경쟁사들

• ICC: International Cricket Council (국제 크리켓 위원회)

신상품의 홍보를 위해 이벤트를 활용하지 못하도록 하는 배타적 마케팅과 함께 사용된다. 2007년 크리켓 월드컵에 Hutch Telecom은 유명한 인도 선수 Sachin Teldulkar가 경쟁사인 Reliance Telecom 광고에 등장하는 것을 막기 위해 ICC를 방문한 것은 이 배타주의적 합리성과 관련 있었다.

합법적인 마케팅 전략들과 공식들은 크게 다양화되고 매우 혁신적으로 되었다. 이것은 특히 합법적인 스폰서로서 이벤트에 참여하지 않고 불법적으로 허를 찌르는 홍보의 형태들을 사용하는 단체들과 경쟁할 때 중요해진다. 이벤트의 스폰서들이 제일 싫어하는 단어 중 하나가 "앰부시 마케팅"이 된 것은 자연스러운 일이다.

앰부시 마케팅에 대해 말하자면, 기업이 어떤 이벤트에 공식적으로 참여하거나 스폰서로서의 재정적 의무를 지지 않고 마치 자신들이 이벤트와 연관이 있는 것처럼 보이려고 노력함으로써, 자신들의 상품이나 서비스를 광고하는 것이라고 할 수 있다. 그들은 우연한 개입을 통해 마치 그들이 이벤트와 깊이 연관되어 있다는 인상을 심어주려고 한다. 이러한 유형의 마케팅은 합법적인 스폰서들의 허를 찌르는데, 막대한 홍보의 잠재성이 있을만한 어떠한 이벤트에서도 일어날 수 있다. 높은 광고 효과의 가치가 있는 스포츠 이벤트와 그에 대한 스폰서십의 대규모 투자의 결과는 스포츠를 앰부시 마케팅을 위한 동기와 가치로 만들어낸다. 자주 사용되는 앰부시 마케팅의 전략으로는 기업의 로고나 상표가 새겨져 있는 티셔츠나 모자를 입은 수백 명의 관중을 경기장으로 입장시키거나, 앰부시 광고주의 이름과 로고가 나타나 있는 빌보드를 경기장 근처에 설치하거나, 기업의 로고가 인쇄되어 있는 응원도구들을 관중들에게 나누어 주는 것, 공개 경쟁을 조직해 이벤트 티켓을 제공하거나 시상을 하는 방식을 제공하는 방법 등이 있다.

그럴싸하게 이벤트와 관련 있어 보이려는 행동들을 하는 동안, 앰부시 광고주들은 바로 그 이벤트와 관련된 여러 지적 재산권들을 침해하게 된다. 이런 앰부시 마케팅을 쓰는 자들은 이벤트와 자신들의 상품들을 정교하고 미묘한 방법들로 언급하면서 교묘하게 법망을 피해간다. 이런 혁신적이고 현혹적인 방법들은 자주 상표권침해법•이나 저작권침해법•• 같은 기존 법 절차의 범위 밖에서 이루어지기 때문에 그것들을 문제 삼는 것은 매우 복잡한 일이다. 이 다루기 어려운 골칫거리는 법제, 스포츠, 그리고 기업의 세계에서 심각한 논쟁을 일으켰다. 여러 단계에 걸친 다방면의 논의 결과, 효과적으로 앰부시 마케팅을 없애기 위해서는 각각의 스포츠 이벤트에 대한 법을 제정하자는 의견이 제시되었다. 이러한 법 제정의 예로서, 시드니 2000 경기 보호법(1996), 런던 올림픽 경기와 장애인 경기법(2006), ICC 크리켓 월드컵 서부인디 법(2007) 등이 있다. 앰부시 마케팅에 대항할 특별 법제제가 없는 지역들은 여전히 상표권, 저작권 등의 일반적인 법들에 의존하고 있다.

앰부시 마케팅 상황은 오히려 모순적이거나 개선될 기미가 보이지 않는다. 한편 우리는 스포츠를 포함한 국제 메가 이벤트의 개최를 위해 엄청난 비용이 투자되는 것으로 보고 있다. 월드컵이나 올림픽 같은 이벤트들을 후원할 스폰서십이 없거나 충분하지 않다면 역사 속으로 사라지거나, 현실적인 수준이나 기대에 못 미치는 틀에 박힌 축제로 전락해버릴 것이다. 반면 오늘날 광고업체들이 자신들이 앰부시 마케팅에 얼마나 능숙한지 알리기 위해 웹사이트에 홍보할 정도로 앰부시 마케팅의 빈도수와 수단은 급속도로 증가하고 있다.

• 저작권침해법: copyright infringement law

•• 상표권침해법: trade mark infringement law

이벤트를 사랑하는 이들을 위해 이 기생적인 문제를 확실하게 해결하기 위해 철저한 이해가 필요하다. 현대에 와서 설득력 있는 대답들을 기다리고 있는 급증하는 앰부시 마케팅의 사례들이 본 연구를 시작하는 계기가 되었다. 본 연구의 목적은 앰부시 마케팅의 문제점과 지적 재산권의 관점에서 피해 사례를 방지하는 방법들을 제시하는 것이다. 장기간 동안 앰부시 마케팅의 문제점들이 있었음에도 불구하고 이것에 대한 심층적인 연구는 부족해 보인다. 앰부시 마케팅에 관한 종합적인 연구로서 다수의 연구 논문들이 존재한다. 특히 서구에서 발표된 기만에 대한 소비자의 태도와 앰부시 마케팅의 적법성(Anita Moorman & Christopher Greenwell), 앰부시 마케팅 도둑질인가 현명한 마케팅인가(Cristina Gaiique), 앰부시 마케팅 단순히 올림픽 규모의 문제가 아니다(Jacqueline Lemer), 앰부시 마케팅 스포츠 스폰서십의 혼란과 랜햄법(Lori L Bean), 스포츠 스폰서십의 배타성과 독점 금지법의 화해(John Fortunato), 앰부시 마케팅 그것이 무엇이고 왜 아닌가?(Jerry Welsh), 그리고 Steve Mckelvey와 Ann M. Wall이 몇 개의 유용한 연구 논문들을 발표하기도 했다. 그리고 여기서 언급할 가치가 있는 인도에서 발표한 Sudipta Bhattacharjee가 쓴 연구 논문 "앰부시 마케팅의 문제점과 지적 재산 보호법에 의해 기대되는 해결책들"이 그것이다. 하지만 유용하고 조직적인 연구임에도 불구하고 특정한 문제를 지엽적으로 다루고 있을 뿐, 포괄적으로 앰부시 마케팅을 다룬 논문은 없다. 이 주제에 대해 학문적으로 분석한 논문들은 제정된 법이나 전통적인 법적인 장치로는 앰부시 마케팅에 대항하기에는 효과적이지 못하다는 인상을 준다. 그러므로 이 연구는 기만적 마케팅의 위협에 대항하는 최고의 방법이 이벤트 자체 법안 제정이라는 가정에 따라 진행할 것이다.

이 책의 주된 목적은:

(1) 오늘날 다양한 앰부시 마케팅 실행들에 대한 조사

(2) 앰부시 마케팅에 대항하는 현재 법 제제의 역할 고찰

(3) 이 문제의 해결책을 논의하고, 특히 이벤트 자체 법안 제정의 역할

(4) 앰부시 마케팅에 대항하는 이러한 예방적인 방법들의 부수적인 효과 분석 등이다.

이 책의 주요 자료들은 행사기관 공식 홈페이지로부터 수집한 통계수치와, 다양한 앰부시 마케팅의 행태와 전통적인 법적 장치들의 효율성들을 다루고 있는 학술지 연구 논문들이다.

시드니 2000 게임 보호법 1996, 런던 올림픽과 장애인 올림픽 게임 보호법 2006, 올림픽 심볼 보호를 위한 중국 규제 등은 호주 정부 웹사이트, 영국 의회 웹사이트, 베이징 올림픽 조직위원회 웹사이트에서 수집되었다.

1장에서는 앰부시 마케팅 및 그와 관련된 내용들을 소개한다. 상표권의 기능에 대한 인식 없이 앰부시 마케팅을 이해하려고 하는 것은, 마치 기반 없이 벽을 쌓으려는 것과 같다. 신 정보시대의 지적 재산권의 중대성에 대한 전반적인 분석에서부터 시작하여, 지적 재산의 핵심인 상표권의 생명력을 파헤쳐보는 것으로 전개될 것이다. 상표권의 이점은 광고의 기능과 라이선스의 수익 잠재력이라 할 수 있다. 그 다음 부분은 주로 상표권이 브랜드가 되는 과정에 대한 것이다. 행사의 스폰서십을 상세히 숙고하여, 브랜드 홍보를 다양한 면에서 살펴볼 것이다. 또한 스폰서십과 관련된 권리의 다양한 단면들에 대해 생각해보고, 앰부시 마케팅의 방법론적 논의를 위한 배경을 마련한다.

2장에서는 현대 시장에서 앰부시 마케팅의 사실적 범위와 정도에 대해 조사한다. 앰부시 마케팅에 대한 정의를 시작으로, 그 정의의 뉘앙스에 맞는 다양한 마케팅 전략을 소개한다. 이는 대형 스폰서십 이벤트에서 볼 수 있는 다양한 마케팅 행태와 과정을 나열하는 방법으로 진행될 것이다. 앰부시 마케팅의 매개와 플랫폼 같은 인터넷의 오용 문제 역시 조사할 것이다. 이 장의 마지막 부분에서는 앰부시 마케팅의 영향을 광범위하게 살펴볼 것인데, 기업의 사회적 책임이라는 시각에서 앰부시 마케팅과 연관된 회사들에 대해서도 논의할 것이다.

3장에서는 앰부시 마케팅에 대항하기 위해 사용되는 전통적 법안에 대해 설명한다. 상표권침해법, 저작권침해법, 그리고 이미 사라져 버린 법들의 효율성에 대해 자세히 논의한다. 또한 이러한 법들을 집행할 수 있는 기준들을 분석하고, 이러한 기준들이 앰부시 마케팅의 구체적인 실례에 적용될 수 있는지 검토해볼 것이다. 판례법 조사를 통해 이러한 법적 조치의 약점을 넘어설 수 밖에 없는 긴박성과, 과연 전통적 법적 수단들이 진정 효과가 있는지 밝힐 것이다.

4장에서는 시드니 2000 게임 보호법 1996, 런던 올림픽과 장애인 올림픽 게임 보호법 2006을 살펴보고, 앰부시 마케팅에 대항하는 행사 특정 법안의 역할을 알아본다. 여기에서 시드니 올림픽 기간 동안 앰부시 마케팅을 방지하기 위해 시행되었던 시드니 2000 게임법의 효과를 평가하는 데 많은 지면을 할애 할 것이다. 다음 부분은 개발도상국들이 앰부시 마케팅의 이슈들을 어떻게 인식하고 대처하고 있는지 알아볼 것이다. 이는 2008 베이징 올림픽을 주최한 중국 정부가 취한 방안들을 살펴보는 것과 2010년 Common Wealth Games을 준비했던 인도 정부의 반 앰부시 마케팅 접근법을 조사하는 것이다.

5장에서는 반 앰부시 마케팅을 반대하는 이들의 주장을 소개한다.

이는 행사 특정 법안이 언론과 표현의 자유에 미치는 일시적 영향에 대해 고찰해 보는 것으로 시작하는데, 광고라는 것이 하나의 "상업적 언론"이라 간주될 수 있는가에 대한 문제를 논의해 본다. 그리고 만약 광고가 상업적 언론으로 간주될 수 있다면, 앰부시 마케팅 광고가 보호의 범주 내에 종속하는지 여부 역시 고찰할 것이다. 다음 부분은 경쟁법의 기본 가정과 반 앰부시 마케팅의 경계선에 대해 설명한다. 이 논의는 두 가지 논점에 집중한다. 첫번째는 앰부시 마케팅에 대항하는 행사 특정 법안이나 다른 수단들이 근본적으로 반 경쟁주의를 지향하는지 여부, 둘째로는 경쟁법의 관점에서 행사 주최측이 경쟁을 지양하는 부조리한 제재를 부과할 때, 행사 주최측의 막강한 직위 남용이 발생하는지 여부이다. 마지막 부분은 앰부시 마케팅의 심각한 문제점을 효율적으로 해결하기 위해, 이벤트 스폰서와 주최자의 주의를 요하는 영역과 논점을 지적하는 것으로 연구를 요약한다. 이러한 주장은 반 앰부시 마케팅에 관련된 최근의 논쟁들과 대중의 항의(public outcry)라는 면에서 중요성을 가지고 있다.

Contents

AMBUSH Marketing

01

상표권에서 스폰서십으로의 긴 여정

오늘날 상표권의 가치

상표권이 브랜드가 될 때

브랜드 스트레칭의 개념

브랜드 프로모션의 개념

매혹적인 스폰서십의 세계

지적 재산은 새로운 경제의 신데렐라라 불린다. 이 단정치 못한 여인은 먼지가 수북이 쌓이고 지루해 보이는 기업의 법무팀 사무실에 칩거 중이었지만, 그녀의 진정한 가치를 밝히는 세계화와 기술혁신이라는 왕자가 그녀를 유명하게 만들어 주었고, 그녀에게 매혹적인 매력을 선사했다.[1]

인류의 역사는 상상과 혁신 그리고 창의력을 적용하는 역사였다.[2] 예술과 과학의 진보는 상상력에 그 뿌리를 두고 있다. 상상력이 기술적 혹은 예술적 문제를 해결하기 위해 사용될 때, 그것은 가치 있는 지적 재산이 된다.[3] 다시 말해 아이디어나 발명, 기술, 예술 작품, 음악 그리고 문학 등을 나타내는 용어인 지적 재산은 처음 창출될 때에는 형태를 띄지 않지만 상품과 같이 형태를 띨 때 가치를 지니게 된다. 전통적 제조 기반 경제는 아이디어의 경제로 빨리 대체되고 있으며, 가장 가치 있는 화폐는 지적 소유물이다.[4] 이 새 경제는 곤긴한 경제적 빌진을 위한 기술과 지식에 그 기반을 두고 있다. 심지어 이는 주주들을 지적 소유 자산에 민감해지도록 만드는데, 주주들은 지적 소유 자산을 기업의 경쟁력을 평가하기 위한 지표로 사용한다.[5] 신 경영 전문가들은 지적 재산의 전략적 이용을 숙지하고 있으며, 이는 기업 경영에 중요한 요소가 되었다. 예를 들어, 마이크로 소프트는 순자산이 900억 달러이고 시장 자본 총액 가치는 2,700억 달러인데, 그 중 상당 부분인 1,800억 달러는 지적 재산에서 발생한다고 알려져 있다. 지적 재산은 상표, 특허, 기업 기밀, 그리고 영업 노하우 등의 형태로 존재한다.[6]

다양한 형태로 존재하는 지적 재산의 중요성은 기업의 활동과 시장에 따라 달라진다.[7] 하지만, 분명한 것은 지적 재산의 가치를 개괄적으로 인식하는 데 실패한 기업은 수입 손실, 시장에서 취약한 위상, 시장 가치 절하, 지식경제사회에서의 몰락 등의 위험성에 노출된다는 것이다.[8]

오늘날 상표권의 가치

상표권은 광범위한 지적 재산들 중 핵심적인 요소로, 제3자의 사용을 불허하는 법적 보호를 받고 있다.[9] 상표권은 단어, 도구, 혹은 라벨의 형태로 상품에 표시되는 시각적 상징인데, 이를 통해 구매자는 누가 그 제품을 제조 및 거래했는지, 유사제품과 구별하여 알 수 있다.[10] 이는 상품의 상징이며, 소유주나 판매자로부터 잠정 소비자에게 전해지는 소통의 필수요소이다.[11] 상표권은 기업이 시장에서 인지도와 신뢰를 쌓는데 필요한 강한 브랜드를 구축하도록 한다. 시장에서 인지도와 신뢰를 획득함으로 상품을 홍보하는 상표권의 역할은 개인 투자, 홍보 결정, 그리고 잠재 분쟁 가능성에 큰 영향을 미치기에 이른다.[12] 상표권으로 인정받기 위해서는 일단, 시각적으로 나타나는 사인이어야 하고, 제품이나 서비스를 다른 업체의 것과 차별화 시키는 것이어야 한다.[13] 경제적, 법적, 역사적으로 상표권의 핵심적 기능은 출처를 밝히는 지표 역할이다. 경제적으로 생명을 가지고 있는 동안 상표권이 수행하는 모든 부차적 기능은 모두 이 기초적 기능으로부터 진화한 것이다.[14] 상표권이 법적 보호의 이슈가 되기 수 세기 전부터, 다양한 목적으로 상품에 특정 표시를 한 행태가 존재했다.[15] 기원 전 500년경부터 목축이나 자기(그릇)류에 낙인을 하는 일이 있었다.[16] 상품에 낙인을 하는 것은 상품의 소유주가 누구인가를 알려줌으로써, 상품의 소유권을 표시하는 것이었다.[17] 12, 13세기부터 또 다른 형태의 낙인이 사용되는데, 그것은 규정이나 원산지 표시이다.[18] 상표권이 현대적 형태로 변하는 데 결정적인 역할을 한 산업은 의류 산업과 칼 제조업이다. "집단 선호"라는 개념은 의류산업에서 시작되었다.[19] 특정한 사람이나 업체의 생산품들은 먼저 품질로 알려지게 되고, 그 다음에 거기 붙어있는 상표로 판매된다. 법정은 이러한 상표를 보호 가치가 있다고 판단한다. 그 상표를 통해 그 제품이 양질의 품질을 가지고 있는지 불량인지를 파악할 수 있기 때문이다. 흥미롭게도, 칼 제조업에서는 상표권이 가시적인 성격을 가진 것으로 간주되어 다루어졌다. 이 가시적인 성격은 현재 상표권에서도 존재한다.[20] 이는 상표가 책임의 속성에서 재산의 속성으로 변화한 것을 의미한다.[21] 하지만 상표권을 오늘날처럼 높은 가치가 있는 자산으로 진화할 수 있게 해준 것은 18세기~19세기 산업혁명이다. 운하와 열차의 발전과 함께, 상품은 중앙 집중화된 지역에서 대량으로 제조되기 시작했고, 전국적으로 운송되며 판매되기에 이르면서 결국 자유시장경제가 도래하게 된 것이다. 소비자와 멀리 떨어져있을지도 모르는 생산자의 정체를 아는 것과 필요한 제품을 다른 업체가 공급하고 제조한 제품과 구별하는 것은 자유시장경제에서는 필수였다. 상표권은 소비자와 생산자간의 필수적 연결고리가 되었고, 이전에는 지역 업체나 아는 업체에게나 있을법한 '명성'의 상징이 되었다.[22] 법정 역시 이에 대한 보호의 필요성을 인식하게 되었다.[23] 오늘날 상표권은 출처의 표시와 항상성의 보장으로 여겨진다. 이는 제품에 대한 과거의 경험, 구전되는 권유 혹은 광고의 이미지로부터 생긴 품질의 함축적 확신을 포함한다.[24]

상표권은 두 가지 거시경제적 기능을 수행한다. 첫째, 시장에서 소비자의 구매결정을 유도하고 둘째, 소비자가 좋아하는 제품과 서비스의 개발 및 공급에 기업이 투자하도록 인센티브를 제공한다.[25] 상표권은 제품들을 탐색할 때 드는 비용을 줄여줌으로 소비자들의 구매결정을 돕는다.[26] 과거에 특정 상표권이 붙어있는 제품을 구매한 경험이 있는 소비자들은 그 상표권을 다시 보는 순간 그 제품의 품질을 떠올리게 된다. 이는 그 제품에 대한 정보가 본질적으로 전달되는, 일종의 소비자와의 소통이다.[27] 또한 상표권은 품질을 개선하기 위한 투자를 장려하는 중요한 역할을 수행한다. 소비자의 구매경험이 상표가 전달하는 메시지와 그것을 포함하고 있는 광고의 주장이 맞아 떨어질 때, 그 제품 브랜드의 가치가 생긴다.[28] 과거에 유명세를 타게 된 상표가 이를 증명한다.

다음으로 브랜드 빌딩에 대해 자세히 다뤄 보겠다. 여러 연구에 따르면 상표권은 여러 가지 면에서 중요한 역할을 수행한다. 매출 증가, 소비자 충성도, 경쟁에 대한 대응, 매출과 수익의 증대, 시장점유율의 증대와 유지, 상품의 차별화, 신제품의 도입, 라이선싱 프로그램을 통한 로열티 수입, 프랜차이즈를 위한 초석 제공, 전략적 파트너십 지원, 홍보 협조, 금융 거래 시 기업 평가의 정당화, 안전과 기술적 요구사항을 준수한다는 표시, 복합적 전문제도의 정보처리 상호 운영성의 보장 등이 그것이다.[29]

앰부시 마케팅을 좀 더 광범위한 문맥 속에서 논의하기 위해 상표권의 두 가지 측면을 다뤄보도록 하자. 상표권의 광고 기능과 라이선스 수입의 수익 잠재력이다. 광고의 목적은 소비자가 제품이나 서비스를 구입하도록 설득하는 것이다.[30] 제조업자는 그들의 제품을 돋보이게 하고, 상표의 도움을 받아 소비자의 인식을 증대하기 위해 광고를 사용한다.

광고에서 상표는 제품의 출처와 정체성에 대한 정보를 전달하는데 있어 핵심적인 역할을 수행한다. 이 정보는 제품에 대한 과거 이용 경험일 수도 있고, 타인에게서 얻은 정보일 수도 있다.

반면에, 상표는 소비자가 광고에서 본 제품을 확인하는데 도움을 주기도 한다. 이는 소매점에서 매출을 증대하는데 분명 비중 있는 역할을 담당한다. 특히 다른 상품들이 대량으로 줄줄이 전시되어 있는 슈퍼마켓이나 하이퍼마켓에서는 더욱 그렇다. 현대 비즈니스에서 광고와 홍보의 성장으로 말미암아, 상표권의 상표로서의 역할 뿐 아니라, 다른 용도로의 사용이 가능해졌다.[31] 시각적 미디어의 영향범위의 증대는 소비자 행동 뿐 아니라, 광고 자체에도 많은 변화를 초래했다. 예를 들어, 가족 의사결정에서는 자녀들이 구매결정에 조력적 역할을 수행한다. 그들은 종종 광고를 통하여 눈에 익숙해진 제품을 요구한다. 이런 사례들에서, 제품과 서비스의 수요를 증대하는 데 중요한 역할을 담당하는 것이 바로 상표이다.[32] 하지만, 광고에 대한 두 가지의 의견이 존재한다는 것을 언급할 필요가 있다. 광고를 찬성하는 입장에서는 광고와 상표권이 소비자 탐색 비용을 줄여준다는 것이고, 또한 제품과 서비스의 품질관리와 개선을 진작한다는 것이다. 이것은 제품과 서비스를 홍보하는 데 더욱 내실을 기할 수 있고, 소비자 기만을 줄여준다.[33] 반면에 어떤 경제학자들은 광고를 부자연스러운 수요를 창출하는 수단으로 보고, 인공적인 상품 차별화를 통해 독과점을 장기화한다고 비판한다.[34] 이런 주장을 하는 사람들은 광고를 심리적 조작으로 간주하며, 소비자들이 실제로는 같거나 비슷한 상품들에 대해 심리적으로 차별화하는 데 영향을 주고

과장되거나 거짓된 품질에 대한 주장을 받아들이도록 설득한다고 주장한다.[35]

앰부시 마케팅을 논의함에 있어서, 상표권의 또 다른 중요한 면은 라이선스 계약을 통한 로열티 수익 창출 가능성이라는 것이다. 상표권 라이선싱이란 다른 업체가 자신의 상표권을 특정 조건 하에 사용하는 것을 동의하는 것이다.[36] 오늘날, 상표권 라이선싱은 국내에서나 국외에서 상품과 서비스를 전달하고, 홍보하고 판로를 열어주는 수십억 달러 가치의 활동이 되었다.[37] 상표권은 널리 알려졌을 때, 라이선싱 가치를 더해준다.[38] 수직적으로만 통합되어 있는 회사가 이 상표권을 이용하는 것은 별 가치가 없으며, 이것이 상표권 라이선싱의 주요한 경제적 원리이다.[39] 반면에, 그 상표를 누리고 있거나 획득할 잠재력이 있는 명성을 이용할 수 있게 한다.[40] 이러한 명성은 사용 허가를 받은 업체의 제품들에 끌리게 하고, 확신을 심어주어 결과적으로 매출을 증가시키는 힘이 된다.

라이선싱 협상 동안, 상표권 소유주는 상표권이 어떻게 사용될 수 있는지 결정하고, 회사에게 득이 될 수 있는 상황을 고수하여, 회사의 명성에 해를 줄 수 있는 상황들을 회피하기 위한 수단들을 강구한다.[41] 오늘날은 상표권 라이선스의 종류가 다양하다. 가장 일반적인 유형 중 하나는 상표권의 단순한 라이선싱이다. 즉, 상표권 소유주가 사용하는 범위 외의 시장에서 사용이 허락된 상표권을 말한다.[42] 단순한 라이선싱을 위한 상표권을 사용하는 사례 중 하나는 티셔츠에 크리켓 팀의 이름을 사용하는 것이다. 캐릭터 라이선싱은 상표권 라이선싱의 또 다른 종류인데, 책이나 영화에서 인기 있는 캐릭터를 사용할 수 있게 허락을 받은 업체는 다른 비즈니스 분야에서 그 캐릭터를 이용한다.[43] 예를 들어, Reid and Taylor의 광고에서, 제임스 본드의 캐릭터를 사용하고 "최고와 함께하는 본드"라는 슬로건을 내거는 것이 있다. 점점 증가하는 상표권의 라이선싱 잠재력은 여러 가지 권리들을 창출한다. 이러한 것의 가장 좋은 예는 인기 있는 도서 시리즈인 "해리 포터"라는 캐릭터를 위한 전 세계적인 판매권의 라이선싱이다. 저자인 J.K Rowling은 이 권리들을 Warner Brothers사에게 양도했다. Warner Brothers는 다시 그 권리를 다양한 비즈니스 파트너들과 나누었다.[44] 예를 들어, Hasbro는 트레이딩 카드와 전자 게임을 개발하여 판매할 권한을 가졌고, Mattel은 장난감을 만드는 권한을, 일렉트로닉 아트는 컴퓨터와 비디오 프로그램을 만들 때 캐릭터를 사용할 수 있는 권한, 그리고 코카콜라는 첫 번째 해리 포터 영화의 홍보와 관련된 권한을 가졌다. 이 현상은 단순히 상표권의 여러 가지의 권리들로 신화하는 것에 지나지 않는다. 이러한 권리들을 통한 수입은 종종 예상을 넘어 높은 수익을 창출하곤 한다.

어떤 환경에서는 상표권이 더욱 넓은 라이선스 프로그램의 일부가 된다. 즉 어떤 제품을 제조하는 권리, 특허권의 양도, 기술 문서에의 접근 권리 등을 말한다. 개괄적인 IP 라이선스에서는, 상표권은 정말 중요한 역할을 담당하고 있다. 특허권이 있는 상품들을 제조하거나 판매하는 권리는 상표권을 사용하는 권리가 협상에 포함이 될 때 더욱 가치가 높아진다. 여기에서 인용할 가치가 있는 사례 중 하는 바이엘 아스피린이다.[45] 바이엘은 많은 국가에서 그들의 순수한 아스피린(acetyl salicyclic acid)에 대한 특허 보호를 가지고 있지도 않았고, 경쟁자들이 똑 같은 물질을 생산하는 데 성공했음에도 불구하고, 바이엘은 바이엘 아스피린이라는 상표권에 붙어 있는 가치를 통해 글로벌 진통제 시장에서 주도적으로 시장을 장악할 수 있었다. 이것은 상표권의 진정한 힘을 보여주는 것이고 수익 잠재력을 보여주는 것이다. 상표권의 라이선싱 잠재력은 예컨대 코카콜라 제조 및 판매 라이선스에서 코카콜라 이름을 사용할 수 없는 경우를 상상해 보면 너무나 분명해진다.

하지만 상표권 라이선스에 반대하는 중대한 법적 단체가 존재한다. 그들의 가장 중요한 주장은 소위 상품의 출처를 밝힘으로써 상표권의 핵심적인 기능을 파괴한다는 것이다. 반면, 이에 반대하는 이들은 시간이 지나며 변화한 상표권의 기능을 지적하며, 출처의 표기는 오히려 상품에 대한 지속적인 관심에 기여할 것이라고 주장하며 이를 부정한다.[46] 이렇게 달라진 정의를 받아들인다면, 상표권의 라이선싱 기능은 합법적인 것으로 간주된다. 대부분의 지역에서는 이것의 현실성을 받아들이는 것으로 보인다.[47] 상표권을 라이선스하는 권리는 품질관리라는 면에서 설명되기 때문이다. 인도 상표권법과 인도 법정은 세계적으로 일어나는 이 변화를 심각하게 고려하고 있다. 대중에게 혼란을 초래하거나 대중을 속이지 않는다는 가정 하에, 인도에서 등록이 허락되었거나 혹은 그렇지 않은 상표권의 라이선싱은 상표의 특색과 상품과 상표의 소유주 사이에 항상 존재하는 상표권의 정의에 부합하는 거래상의 연계를 파괴하지 않는다고 간주한다.[48]

하지만 최근 상표권의 개념은 출처확인의 기능으로부터 많이 변한 모습을 보이는데, 어떤 상표들은 그 자체로 흡입력이 있는 것으로 보이며, 소비자들은 상표 그 자체로 자신이 인식되기를 희망한다.[49] 이것은 더욱 복잡한 라이선싱 이슈를 야기한다.

상표권이 브랜드가 될 때

물과 설탕을 보자. 이는 1차 상품 또는 재료에 불과하다. 하지만 이

것을 콜라 음료에 집어넣으면, 상품이 된다. 그리고 그것을 코카콜라나 펩시콜라라는 이름으로 홍보하면, 그것은 브랜드가 된다.[50] 자산으로서의 브랜드의 가치 평가는 전세계적인 인수 경쟁에서 주요한 역할을 담당한다.[51] Interbrand의 도움을 얻어 비즈니스 위크가 행한 분석에 따르면, 코카콜라 브랜드는 2006년도 기준 6,700억달러의 가치가 있다고 했다.[52] 이 연구에 따르면, 세계적으로 가장 가치가 높은 브랜드는 코카콜라, 마이크로 소프트, IBM이다.[53] 브랜드에 대한 정의는 다양하다. 일부 변호사들을 중심으로 상표권과 브랜드를 출처 확인이나 차별화라는 측면에서 같은 것으로 간주하는 시각도 있지만, 브랜드는 이가 증산한 상품과 그와 관련된 광고에 대한 전체적인 시각적, 감성적 표현이라는 점에서 라이선싱과 구별될 필요가 있다. 상표 사용을 통해 상표가 브랜드를 위한 열쇠가 되는 것이 사실임에도 말이다.[54] 브랜드는 '상품 그 자체, 패키징, 브랜드 네임, 프로모션, 광고, 그리고 무엇보다도 프리젠테이션'으로 표현할 때 더욱 잘 정의할 수 있다. 그러므로 브랜드는 물리적, 미학적, 이성적 그리고 감성적 요소들의 합성이라 할 수 있다.[55] 다른 말로 하면, 브랜드는 상품과 그 부가적 가치들, 혹은 그 최종 사용자를 위한 기능적, 경제적, 심리적 혜택의 총합이다. 이것은 소비자가 그것을 어떻게 인지하는가에 대한 것이지 또 다른 별개의 상품은 아니다.[56] 동시에, 브랜딩과 마케팅을 혼동해서는 안된다. 브랜딩이 적절하고, 독특하며, 보호받을 수 있도록 동시적인, 일련의 제품의 속성과 가치를 개발하고 관리하는 활동으로 이루어져 있다면, 마케팅은 브랜딩을 포함하여 상품의 수익성을 높일 수 있도록 생산자에서 소비자로 가치를 전달하는 전략의 개발 및 실행과 관련된 보다 폭넓은 기능이다.[57]

현 시장에서 브랜드는 소비자에게 삶의 태도와 철학을 제공한다. 그것은 브랜드라는 개념의 무형적 특성에 더 많은 비중을 두게 한다.[58]

동시에, 브랜드가 소비자들을 위한 혜택이 되는 도구라기 보다는 문화적 아이콘 혹은 감정과 심리적 상태의 추상적 표현이 되었다는 점에서 상표권과 로고는 부정적인 문화적 현상이라는 비평이 생겨났다.[59]

브랜드 스트레칭의 개념

브랜딩과 밀접히 관련되어 있는 것이 바로 브랜드 스트레칭이다. 브랜드 스트레칭은 이미 구축되어 있는 브랜드 네임을 다른 제품군에 사용하는 것을 말한다.[60] 이미 구축된 브랜드 네임에 붙어있는 명성 때문에 기업은 그 브랜드 네임을 다른 영역에서도 사용하는 것을 선호하게 된다.[61] 성공적인 브랜드 스트레칭의 한 예로 인도의 ITC사의 확장된 브랜드 네임인 'Wills' 담배 제품에서 의류로의 확장을 들 수 있다. 과거에 Wills는 인도에서 담배 제품과 동의어로 쓰였지만, 오늘날 Wills Life Style은 상류층 캐쥬얼 의류업에서 상당한 시장점유율을 차지하고 있다.

하지만 오리지널 브랜드와 전혀 상관이 없는 영역으로의 브랜드 확장은 굉장히 주의를 기울여 이루어져야 한다. 과거에 이것과 관련해 많은 실패들을 목격했기 때문이다.[62] 브랜드 확장에 대한 소비자의 평가는 이미 존재하는 브랜드와 새 제품간의 조화에 따라 결정되며, 이 조화는 제품 특징의 유사성과 브랜드 컨셉의 일관성에 의해 결정된다.[63]

예를 들어, 인도 크리켓 팀이 팀의 이름을 크리켓 배트나 다른 스포츠 제품에 사용할 수 있도록 허락한다고 하면, 이는 적절한 브랜드 스트레칭이라고 할 수 있다. 반면에, 팀의 이름을 어떤 의약품에 사용한다면 실패할 가능성이 높다. 의약품이라는 특정한 일련의 제품은 오리지널 브랜드와 전혀 관련성이 없기 때문이다.

브랜드 스트레칭의 주요한 이점은 새로운 제품으로 하여금 오리지널 브랜드가 이미 구축해놓은 기능적 속성과 상징적 가치를 이용할 수 있게 해주는 것이다. 이것은 제품에 대해 재빨리 알아보게 해주어 소비자 인식을 도와주고, 의사 전달 비용과 처음 제품을 사는 구매자의 리스크를 줄여준다. 또한 제품의 유통과 소매점에서 진열 공간을 획득하게 해준다.[64]

브랜드 프로모션의 개념

브랜드 스트레칭은 브랜드 프로모션이라고 불리는 마케팅의 활동을 통해서 가능해 진다. 브랜드 프로모션은 세 가지 요소, 즉 광고, 홍보, 그리고 스폰서십의 결합을 의미하는 용어이다. 브랜드 프로모션은 브랜드를 구축하고 유지하는 데 필수적이다. 이것은 소비자에게 제품에 대해 알리는 것을 돕고 구매 결정을 하는 데 드는 시간을 줄여준다.[65]

브랜드 프로모션의 가장 중요한 요소는 광고이다. 광고는 브랜드에 투자하는 것이므로 광고 비용은 브랜드의 가치를 알려주는 지표로서 회계 장부에 기입되어야 한다고 많은 경제학자들이 주장한다.[66] 광고는 브랜드 소유주와 소비자 사이의 대화로 작용하며, 브랜드를 소비자에게 소개하고 제품의 혜택과 속성을 설명한다.[67] 이러한 대화는 브랜드 소유주와 소비자 사이의 대화로 작용하며, 브랜드를 소비자에게 소개하고 제품의 혜택과 속성을 설명한다. 이러한 대화는 브랜드 소유주가 시장 조사의 도움을 통해 소비자의 반응을 들을 때 비로소 완성된다.[68] 브랜드를 위한 광고는 경쟁 브랜드와의 차이가 적고, 제품의 리스크가 낮은 시장에서 그 브랜드가 높은 점유율을 얻게 된다면 브랜드 광고가 성공적이었다고 볼 수 있다.

Belinda Issac에 따르면, 소비자 구매 결정 과정은 여섯 가지 단계를 거치게 되는데, 브랜드 인지에서 시작하여, 지식 단계를 거쳐, 기호, 선호, 확신 그리고 마지막 단계인 구매에 이르게 되는 것이다.[69] 특정 브랜드가 시장에 소개되고 시간이 경과함에 따라, 광고는 구매 결정 과정 중 하나 이상의 측면에 영향을 미치게 된다.[70] 일반적으로 광고, 비교광고, 협력광고, 충격 요법, 제품 스폰서십, 앰부시 마케팅, 제품 배치 그리고 유명인사 보증 등이 다양한 광고의 형태들이다.[71]

매혹적인 스폰서십의 세계

다른 중요한 브랜드 프로모션의 요소는 스폰서십이다. 스폰서십이 순전히 마케팅 개념임에도 불구하고, 앰부시 마케팅이 이벤트 스폰서십의 문맥에서 일어나기 때문에 이 개념에 대한 자세한 논의는 현 단계에서 필요하다.

스폰서십은 마케팅의 한 형태이며, 독점적으로 마케팅이나 홍보를 할 수 있게 하는 권리를 가지는 대가로, 이벤트 무대 설치나 특별 초청 비용, 혹은 개인 운동선수나 팀을 초청하는 데 드는 비용을 기부하거나 보증한다. 스폰서십은 후원자의 자격으로 행사, 경기, 선수와의 연관성을 자신들의 상품에 이용하여 홍보하는 것이다.[72] 스폰서십의 주 목적은 많은 이익을 가져다 주는 세계적 스포츠나 엔터테인먼트에 경제적

원조를 하는 것이지만, 상업적인 시각에서 보면, 후원자는 행사나 팀 및 선수를 후원함에 따라 주어지는 홍보기회를 이용하여 이익을 창출하는 것이다.[73]

많은 행사나 활동 개인 등 오늘날 스폰서십이 가능한 것들은 무한하다. 예술과 스포츠는 많은 인기와 대중에의 호소력 때문에 가장 많은 스폰서십을 보유한다.[74]

예술과 스포츠를 비교하면, 세계적으로 시청자를 보유하고 있는 스포츠가 더 많은 스폰서십을 보유한다. 1980년 후반과 1990년부터 점점 늘어나는 대중매체의 보도가 이제는 스포츠를 진정한 투자기회로 만들었다.[75]

오늘날 세계적으로 모든 스포츠 행사가 스폰서십을 필요로 한다.[76] 대체적으로 스포츠 행사비용의 35%는 스폰서십으로부터, 50%는 방송중계로부터, 나머지는 티켓 판매와 라이선스로부터 들어온다.[77] 그러나 필요한 자금을 확보하기 위한 스폰서십을 구하는 것은 매우 어렵다. 널리 알려진 행사라 할지라도 행사 주최측은 원하는 후원자를 구하기 위해 행사의 가치를 높여야 한다.[78]

행사 주최측은 이미지와 위상에 부합하고 행사 내용과 어울리는 특정한 후원자를 필요로 한다.[79] 반면에 후원자는 행사를 이용하여 기업 이미지를 홍보하려고 한다.[80] 좋은 행사와 장기간의 혜택이 주어진다면 엄청난 가치가 후원자에게 더해진다.[81] 성공적인 후원자는 행사와 동일화될 것이고 이런 브랜드 이미지는 장기간 기억된다. 여러 종류의 스폰서십이 있지만 3 종류로 분류하자면 독점적 스폰서십, 일차적 스폰서십, 부차적 스폰서십으로 나뉜다.[82] 독점적 스폰서십인 경우, 독점적 후원자가 행사의 모든 경제적 지원을 통해 행사를 지지했다는 것을 대중에 알릴 수 있는 독점적인 권한이 있다. 스폰서십 합의에 따라 배타적인 홍보 권한과 다른 어떤 홍보에도 방해 받지 않고 자신의 이름과 로고를 사용할 수 있는 절대적인 힘이 주어진다. 일차적 후원자는 행사 경비를 다른 보조 후원자들과 나누어 부담하고 여러 단계의 홍보 권리가 주어진다. 부차적 후원자는 특정 상품이나 서비스를 행사에 제공하거나 소액의 후원비를 제공한 후원자다. 그러나 행사 성공여부에는 똑같이 기여한다. 부차적 후원자는 대개 공식 제품 제조업자이다.[83] 만일 축구경기라면 축구공의 제조업자가 된다. 국제적인 기업이라면 높은 단계의 스폰서십에 도전하는 것이 세계 시장을 겨냥하는 홍보전략이 될 것이다. 공식 제조업자의 신분 역시 월드컵 축구나 크로켓 같은 세계 유일한 행사인 경우엔 제조업자의 이미지를 크게 향상시킬 수 있다. 하지만 받아들여야 할 것은 스폰서십 합의 시에는 독점적 스폰서가 항상 우월한 입장이라는 것이다. 스폰서가 많을 경우, 서로 더 나은 지위를 추구하고자 하기 때문에 최종적인 결정을 내리는 것이 쉽지 않다. 스폰서십의 재산을 창출하는 일은 행사 주최측에겐 가장 중요하면서도 어려운 일이다.[84] 행사의 정체성을 일시적으로 주기 위해 흔히 고안되는 타이틀, 심볼, 도구, 로고 등은 효율적으로 홍보되었을 때 행사의 시각적인 상징으로 인식된다.[85] 스폰서에게 주어진 가장 중요한 권리 중 하나는 후원하는 행사의 등록 상표를 사용하여 행사와 연관 있다는 것을 광고하고 후원자의 브랜드를 홍보하는 것이다.[86] 신중한 스폰서는 자신이 제안한 활동을 보호받기 위해 모든 상품과 서비스에 걸쳐 행사의 등록 상표를 독점적으로 사용할 수 있도록 보장받기를 원한다. 그러나 많은 경우 행사에는 등록 상표와 비등록 상표가 있다.

행사 관리자는 상표 등록을 미리 하는데, 많은 경우 상표 등록 기간이 1년 이상 걸리기도 한다. 등록 신청은 어떤 분야가 가능한지를 신중히 고려한 후 관련된 모든 분야에 해야 한다. 스폰서 또한 행사에 관련된 자신들의 로고와 상품들을 등록해야 하며, 등록하기 위해선 후원하는 행사의 허락이 있어야 한다.[87] 등록 상표에 부적당한 단어를 사용하는 위배가 발생할 경우, 홍보자는 관례법인 패싱오프를 해결책으로 사용할 수 있다.

후원자에게 주어진 권리는 행사에 따라 다르다. 후원자는 스폰서십의 성격에 따라 특정한 독점권이 주어진다.[88] 독점권 중 가장 가치 있는 형태는 행사명과 관련된 독점권이다.[89] 통상적으로 후원자에게 주어지는 또 다른 권리는 행사의 이름을 후원자의 이미지와 상품 홍보를 위해 사용할 수 있는 권리이다. 후원자는 모든 매체 광고를 사용할 수 있다. 어떤 상품은 포스터, 빌보드나 다른 소극적인 광고에 어울리는 것도 있다.[90] 또한 후원자는 판매 홍보 캠페인에 행사와의 연관을 이용할 수도 있다.[91] 특별한 경우, 상품 홍보 캠페인에 행사 사진의 사용 허락을 요구하기도 한다.

오늘날 후원자들이 가지는 가장 중요한 관심사는 행사 방송 시 자신의 존재를 확실하게 비추는 것인데, 그렇지 않을 경우 행사 방송사를 후원하는 경쟁사에 의해 앰부시 마케팅을 당할 수 있기 때문이다.[92] 과거에는 이러한 경우들이 많이 있었다. 이 문제는 다음 장에서 논의할 것이다.

후원자가 얻을 수 있는 또 다른 권리로 상품화 권리가 있다. 이는 후원사가 행사의 로고나 행사명을 담고 있는 특정 목록의 상품을 만들고 판매할 수 있는 독점적인 권한을 얻게 되는 자체적 상업활동으로, 이는 스폰서십과는 다르다.[93] 이러한 상품화 권리는 행사의 단일 후원자나 후원자에게 승인을 받은 이에게만 주어진다. 상품의 품질이 행사의 명성에 반영되기 때문에, 대개 이러한 문제는 상품화 권리 논의의 초기에 심사숙고하여 다뤄진다.

이런 권리가 주어지는 동시에 정당하게 행사를 홍보해야 하는 후원자의 의무도 있다.[94] 스폰서십에 관련된 권리와 의무의 명백한 이해가 바탕이 되어야 비로소 핵심 논제인 불청객, 앰부시 마케팅에 대해 중점적으로 논의할 수 있다.

NOTES

1. Kamil Idris의 『*Intellectual Property: A Power Tool for Economic Growth*(지적재산권: 경제성장을 위한 동력)』, 24쪽, 세계지적재산권기구, 제네바, 2003년 발행.
2. 위와 동일한 책 8쪽 참고.
3. 이는 대부분의 상황에서 진정한 상상력을 드러내는 도전이며, 초기 단계의 혁신에 특히 적용된다. 저자는 국제혁신기구(NIF: National Innovation Foundation)의 혁신가들과 상호작용하면서 다음과 같은 경우를 자주 발견한다. 도전은 혁신가들이 농업에서나 삶의 다른 분야에서 문제시 되는 것을 이겨내기 위한 해결책에 대해 생각해보게 하는 것이며, 변화된 트랙터, 장애인을 위한 자동차, 수륙 양용의 자전거, 나무 오르는 기계 등과 같은 매우 유용한 혁신을 끌어내는 것이다. 이는 지적/예술적 시도를 위해 상상력을 사용할 때 비로서 명작을 만드는 예술가에게도 해당된다.
4. Joseph A. Schumpeter와 같은 고전주의 경제학자들은 동태경제학은 균형 상태에 있는 것이 아니라, 기술 혁신에 의해 끊임없이 방해 받는 것이라고 주장한다. Robert M. Solow와 같은 신고전주의 경제학자들 역시 경제성장에 있어서 기술의 진보를 중요한 변수로 보았다. Solow에 따르면, 노동과 자본의 성장은 전체 GDP 성장의 절반에만 기여하며, 설명되지 않은 남은 부분은 기술의 진보로부터 비롯된 것이라고 한다. 훗날 이 결론은 Edward Denison에 의한 연구에 의해 뒷받침되었다. Edward Denison은 1929년과 1957년 사이에 미국의 1인당 소득 증가분의 40퍼센트는 지식의 진보 때문임을 밝혀냈나. Solow에 의해 제시된 모형에 의하면, 경제 발전은 내부경제와 거의 관계가 없으며, 과학과 기술의 발진은 통화성책이나 재정정책에 거의 의존하지 하지 않는다. 우리는 1980년대에 Paul Romer와 같은 경제학자들이 국가의 경제 성장 너머에는 지식의 축적이라는 원동력이 있다는 것을 제시한 모형을 지지하는 것을 볼 수 있다. 이와 관련하여, 기업들의 사산 보유 패턴이 변해왔다는 것을 언급하는 것은 매우 흥미롭다. 1982년의 수치가 미국 기업 사산의 62퍼센트가 유형자산임을 보여주는 반면, 2000년의 수치는 유

형자산의 비중이 약 30퍼센트로 격감했음을 보여준다. 기술의 진보와 경제성장 간의 관례에 대한 자세한 설명은, Kamil Idris의 8-72쪽 참고. 국제 무역에 있어서 지식집약적 상품의 증가분에 대한 실증적인 논고에 대해 알고 싶다면, Carsten Fink와 Carlos A. Primo Braga의 'How Stronger Protection of Intellectual Property Rights Affects International Trade Flow(지적재산권 보호가 국제무역의 흐름에 얼마나 강하게 영향을 미치는가)'를 참고하시오. 이는 Carsten Fink와 Keith E. Maskus에 의해 편집된, 『*Intellectual Property and Development*』에 수록되어 있다(2005년, World Bank와 Oxford University Press에 의해 Washington DC에서 출간됨).

5. 지적재산권을 통하여 경쟁자들 보다 경쟁우위를 획득하고 유지하기 위해 사용되는 일반적인 전략에 대한 설명은, 2006년 5월 30일자로 『*Mondaq Law Review*』에 수록된 Taran Atwal의 'Canada: Keeping your Competitive Edge(캐나다, 경쟁우위 유지하기)' 참고.
6. Kamil Idris의 책 63쪽을 참고하시오.
7. 자세한 설명은, Alan S. Gutterman과 Betly J. Anderson의 'Intellectual Property in Global Markets(세계시장에서의 지적재산)' 21쪽 참고.(London: Kluwer Law International, 1997)
8. Kamil Idris의 책 57쪽 참고.
9. 『*Development, Trade and the WTO*』에 수록된 Carsten Fink와 Beata K. Smarzynska의 "Trade marks, Geographical Indications, and Developing Countries(상표권, 지리적 표기와 개발도상국)', 403쪽, 세계은행, 워싱턴 DC, 2002년 발행.
10. P. Narayanan의 『*Law of Trade Marks and Passing Off*(상표권법과 사기통용행위법)』 1쪽, Eastern Law House, 콜카타, 2004년 발행.
11. 이에 대한 추가적인 설명은, Ruth Towse와 Rudi Holzhauer 에 의해 편저된 『*The Economics of Intellectual Property – Volume Ⅲ*(지적재산의 경제학 – 제3권)』에 수록된 A. G. Papandreou의 'The Economic Effect of Trademarks(상표권의 경제적 영향)' 290쪽 참고(영국 글로스, Edward Elgar Publishing Ltd, 2002년 발행).
12. 이와 관련된 좋은 예중 하나는 비스켓 상표 'Tiger'를 두고 진행중인 인도 기업 Wadia와 프랑스 기업 Danone간의 갈등이다. 상표 'Tiger'는 Wadia그룹에서 브리타니아(Britannia)라는 이름으로 인도와 다른 많은 나라에 등록되었으며, 비스켓부문의 시장에서 인기 있는 브랜드이다. 브리타니아의 주주로서, Danone사는 몇몇 시장에서 이 상표를 사용할 수 있는 자격을 부여 받았다. 현재, Wadia사는 Danone사가 자신들의 허가 없이 72개의 시장에서 Danone이라는 이름으로 이 상표를 등록해왔다고 주장한다. 현재, 이 분쟁은 Danone의 브리타니아 지분을 다른

기업에게 매각할 수 없도록 하기에 이르렀다.

13. 이러한 요건의 각각에 대한 자세한 설명은, David Kitchin, David Llewelyn, James Mellor, Richard Meade 그리고 Thomas Moody Stuart의 의해 편저된 『*Kerly's Law of Trade Marks*(컬리의 상표권법)』 8-43쪽 참고(Sweet and Maxwell, 런던, 2001).

14. 미국 대법원은 Hanover Star Milling Co와 Metcalf 간의 판례에 결정된 유명한 판례를 유지했다(1916년, 미 법원 판결문 240권 403쪽). Peter J. Groves의 『Source Book on Intellectual Property Law(지적재산권에 대한 자료집)』 512쪽 참고(Cavendish Publishing Limited, 런던, 1997).

15. 1976년 7월 6일에 위원회로부터 선정된 유럽공동체보고서 부록 8/76을 참고하시오. 이는 Christopher Morcom, Ashley Roughton과 James Graham의 『*The Modern Law of Trade Marks*(근대의 상표법)』 7쪽에도 인용되었다(Butterworths, 영국, 1999).

16. 상표권 역사에 대한 세론을 알고자 한다면, C.D.G. Pickering의 'Trade Marks in Theory and Practice(이론과 실제에서의 상표권)' 36-41쪽 참고(Hatt Publishing, 런던, 1998).

17. 예를 들어, 조난선과 해적등의 경우에서, 이러한 표시는 진짜 소유자를 확인하는데 도움을 준다. 그러나 5세기의 로마제국의 쇠퇴는 상품에 마크하는 풍습의 소실을 초래했다. Lionel Bently와 Brad Sherman의 'Intellctual Property Law(지적재산권법)' 655쪽 참고(Oxford University Press, 뉴델리, 2003).

18. 중세시대 동안, 도시자치로써 마을의 성장과 함께, 길드가 마을에 들어왔다. 각각의 길드는 장인들의 연합이었으며 주로 헌장의 형태로 설립되었으며 다음과 같은 두 가지 주요 목적이 있었다. 첫째, 특정 마을이나 도시에서의 거래를 독점하는 한다. 둘째, 길드를 전체적으로 촉진시킨다. 계약은 기술의 수준, 상품에 대해 청구될 금액, 광고 또는 구성원 간의 경쟁, 다른 길드와의 경쟁을 금지에 대한 것으로 길드의 구성원들 사이에서 이루어졌다. 각각의 길드의 구성원에 의해 만들어진 상품 거래는 지역 내에서 이루어졌으며, 소비자가 항상 공급자와 긴밀한 관계를 유지하도록 했다. 각각의 생산자(길드의 구성원)는 자신의 상품에 자신의 상표를 붙여야 할 의무가 있었고, 이는 길드에 이전에 기록된 것이다. 이러한 표기의 주된 목적은 상품의 근원을 확인하기 위함이고, 이로써 좋아한 상품을 쉽게 찾아낼 수 있었다. 이는 중세시대의 소비자 보호의 형태였다. C.D.G. Pickering의 책 37쪽 참고.

19. 위와 동일한 책 38쪽 참고.

20. 위와 동일한 페이지 참고.

21. 위와 동일한 책 39쪽 참고.

22. 위와 동일한 페이지 참고.

23. 관습법에 따르면, 이에 대하여 최초로 보고된 결정은 Sykes 대 Sykes 간의 판례다 (1824, 3 B와 C 543). 이 판례에서는, 의도적인 기만의 증거에 대해서 손해에 대한 법이 인정되었다. 문제의 상표는 SYKES PATENT였다. C.D.G. Pickering의 책 2쪽 참고.

24. Amanda Michaels의 『*A Practical Guide to Trade Mark Law*(상표법 실용지침)』 2쪽 참고(Sweet and Maxwell, 런던, 2002).

25. 자세한 설명은, Kamil Idris의 책 150쪽 참고.

26. 고객의 탐색비용과 실수를 줄이는데 있어서 상표의 역할에 대한 비판적 분석은, Ruth Towse와 Rudi Holzhauer가 편집한 『*The economics of Intellectual Property, Volume Ⅲ*(지적재산의 경제학 제3권)』에 수록된 Robert Feinberg가 집필한 'Trademarks, Market Power, and Information(상표, 시장지배력 그리고 정보)' 432-8쪽을 참고하라(Glos: Edward Elgar Publishing Ltd, 2002). 또한 동일한 책에 수록된 William M. Landes와 Richard A. Posner의 'The Economics of Trademarks Law(상표법의 경제학)' 318쪽을 참고하라. 저자에 따르면, 상표의 혜택은 이름뿐만 아니라 성으로써 개개인을 명명하는 것과 유사하다.

27. Kamil Idris의 책 151쪽 참고. 이 두 기능은 상호보완적이며 서로를 강화한다. 소비자가 상표에 의해 제시된 질의 상품을 고를 때와 기업이 상품의 질에 투자할 때, 브랜드에 대한 고객 충성도를 낳는 제품의 질을 향상시키는 결과를 초래한다.

28. 위와 동일한 페이지 참고.

29. 이 점에 대한 작은 예로 윈도우 운영체제와 호환될 수 있는 체제임을 보여주는 컴퓨터 CPU와 노트북에 붙어 있는 윈도우 로고를 들 수 있다. 자세한 내용을 말하거나, 쓰지 않고서 이러한 정보는 이 작은 로고를 통해 고객에게 전달될 수 있다. 이러한 기능에 대해서 자세히 알고자 한다면, Kamil Idris의 책 154-68쪽을 참고.

30. Joanna R. Jeremiah의 『*Merchandising Intellectual Property Rights*(지적재산권 판매)』 121쪽 참고(John Wiley and Sons, 치체스터, 1997).

31. 자세한 설명은, Neil. J. Wilkof와 Daniel Burkitt의 『*Trademark Licensing*(상표 허가)』 36쪽 참고(Sweet and Maxwell, 런던, 2005).

32. 이 견해는 Schechter에 의해 뒷받침 되었다. Schechter에 의하면, 오늘날의 상표는 단순히 영업권의 상징이 아니라 대중에게 익명의 그리고 특정 개인과 상관없는 만족을 보장함을 각인시키고, 더욱 만족하고자 하는 욕망을 만드는 영업권 창출을 위한 가장 효과적인 동인이다. 상표는 실제로 상품을 판다. 그리고, 자명하게도, 독특한 상표일수록, 판매력은 더 효과적이다. 이는 Neil. J. Wilkof와 Daniel

Burkitt의 책 36쪽 참고.

33. 위와 동일한 책 37쪽을 참고.

34. 자세한 설명은, Kamil Idris의 책 152쪽 참고.

35. Neil. J. Wilkof와 Daniel Burkitt의 책 36-7쪽 참고.

36. 상표 라이선스에 관한 법 조항의 기안에 있어서 특별한 주의가 필요하다. 합의에 있어서 불분명함은 당사자들에게 상당한 피해를 낳는다. 이 장의 앞 부분에서 언급한, 상표 'Tiger'에 대한 Wadia그룹과 Danone사 사이의 분쟁도 잠재된 차후의 라이선스 분쟁의 전형적인 예이다.

37. 일부 연구는 미국에서 한 해에, 500억 달러 이상 가치의 허가 받은 소비재가 소매상 수준에서 판매되는 것을 보여준다. Neil. J. Wilkof와 Daniel Burkitt의 책 1쪽 참고.

38. Bruce Berman에 의해 편저된 『*From Ideas to Assets – Investing Wisely in Intellectual Property*(아이디어에서 자산까지 – 지적재산부문에 현명하게 투자하기)』에 수록된 H. Jackson Knight의 'Intellectual Property '101'(지적재산 101)' 12쪽 참고.

39. TMT North America Inc 대 Magic Touch GmbH 간의 판례 참고(43, USPQ 2d 1913). 이 사건은 독일의 제조업체와 그의 미국 라이선스 간의 분쟁과 관련 있다. 이 사건은 라이선스 관련 문제에 대해서 자세히 다룬다. 이 사건에서 법원은 '라이센스는 인가자가 그 상표에 대한 소유권을 잃지 않도록 하면서, 소비자들에게 더 많은 정보가 전달되도록 한다. 게다가, 수직적 통합 기업이 상표권법의 보호를 안전하게 이용한다면, 상표는 사회에서 훨씬 적은 가치를 가질 것이다.'라는 흥미로운 의견을 피력했다.

40. Neil. J. Wilkof와 Daniel Burkitt의 책 16쪽 참고.

41. H. Jackson Knight의 책 12쪽 참고.

42. 자세한 설명은, Kamil Idris의 책 162쪽 참고.

43. 위와 동일한 페이지 참고.

44. 위와 동일한 책 163쪽 참고.

45. 기술 우위를 상실 한 뒤에도 국제 진통제 시장에서 Bayer이 지배적인 점유율을 유지하는 동인 상표 'Bayer Aspirin'의 역할에 대한 자세한 연구에 대해 알고자 한다면, Klause Jennewein의 『*Intellectual Property Management*(지적재산관리)』 참고 (Heidelberg: Physica-Verlag, 2005).

46. 이는 인가자가 상표 사용에 대한 만족스러운 지배력을 행사하는 곳에는 상품에 실제로 상표의 소유자나 그의 영향력하의 누군가로부터 온 것인가는 원칙적으로 중요하지 않다는 사실로부터 시작한다.

47. 법령의 품질관리규정에 대한 세론을 알고자 한다면, Neil. J. Wilkof와 Daniel Burkitt의 책 30-6쪽을 참고.

48. P. Narayanan의 책 432-433쪽 참고. 인도에서, 법은 등록된 사용자의 계획에 따라, 제3자에 의한 등록된 상표의 사용을 허용한다. 등록된 사용자로 등록하는 것과 관련된 이 규정은 이 법의 48조에서 52조에서 다루고 있다. 새로운 법 또한 등록된 사용자로 등록하지 않고 3자에 의한 등록된 상표 사용을 허가한다. 그러나 등록된 소유주의 동의에 관한 서면 계약이 반드시 필요하다. 상표 라이센스에 관한 인도 사법부의 입장을 알고자 한다면, 1995년 인도대법원 판결문 2,732쪽의 Bottling Company Ltd. 대 Coca-Cola Company간의 판례를 참고하라. 이 판례에서 코카콜라사는 상표의 인가기업이었으며, 항고인 Gujarat사는 상표 상용을 인가 받은 기업이었다. 항고인에 의한 계약 위반으로, 코카콜라사는 상표사용 인가를 철회했다. 이 사건은 라이센스와 관련된 문제를 자세히 검토했다.

49. 자세한 설명은, Neil. J. Wilkof와 Daniel Burkitt의 책 21쪽을 참고.

50. 『*The Economist*(이코노미스트)』에 수록된 'The Year of the Brand(브랜드의 해)' (1988년 12월 24일 발행)

51. 브랜드 가치평가의 개념에 대한 세론을 알고자 한다면, Gordon V. Smith의 『*Brand Valuation: Too Long Neglected*(브랜드 가치평가: 너무 오래 방치되었다)』 159-64쪽 (인도 지적재산권단속당국, 1990, 12(5))과 Tony Tollington의 『*The Separable Nature of Brands as Assets: The United Kingdom Legal and Accounting Perspective*(자산으로 분리될 수 있는 브랜드의 유형: 영국 법률과 회계의 관점에서)』 6-13쪽(인도 지적재산권단속당국, 2001, 23(1)) 참고.

52. '2006년 100대 브랜드' 〈http://bwnt.businesswe.com/brand/2006/〉 참고.

53. 위와 동일한 웹페이지 참고. 이 보고서에 따르면 1-3위를 차지한 브랜드는 미국기업이다. 코카콜라는 미달러 670억의 가치로 산정되었으며, 마이크로소프트사의 브랜드는 미달러 569억, IBM사의 브랜드는 미달러 562억의 가치라고 한다. 이 보고서는 브랜드의 진정한 힘을 보여준다.

54. 자세한 설명은 Belinda Issac의 『*Brand Protection Matters*(브랜드 보호문제)』 26쪽을 참고(Sweet and Maxwell, 런던, 2000).

55. 이 정의는 인터브랜드의 창시자 John Murphy에 의해 내려졌으며, Belinda Issac의 책 5쪽에 언급된 바 있다.

56. 상품은 부족이나 필요를 충족시킬 주목, 구매, 사용 혹은 소비를 시장에 제공하는 모든 것으로 정의될 수 있으며, 이는 물리적인 객체, 서비스, 사람, 장소, 조직, 아이디어 그리고 이 각각의 혼합을 포함한다. 제품은 일반적으로 3가지 수준으로 구성된다. 3가지 수준은 핵심제품, 실제 제품 그리고 확장제품이다. 가장 기본

적인 수준은 '핵심제품' 혹은 상품 개념, 다른 방법으로 구현될 상품 배후의 기본적인 생각이다. 예를 들어, IFB 세탁기와 관련된 핵심제품은 앞에 문이 있는 기능(드럼세탁기의 입구)을 포함한 세탁기이다. 소비자의 관점에서 주요 장점은 깨끗하고 안전한 세탁일 수 있다. 두 번째 수준은 '실제 제품'으로 알려져 있으며, 이는 포장, 제품명, 로고, 색깔, 품질 수준, 제품의 특성, 제품 디자인 그리고 핵심 제품의 구체적인 표명으로써의 모양을 포함한다. 세 번째 수준은 '확장 제품'이며, 이 단계에서는 실제 제품에 더하여 제조사가 애프터서비스, 보증, 보험, 전화 상담 등과 같은 추가적인 고객 서비스를 제공한다. 품질, 가격, 이미지는 브랜드 발전에 있어 중요한 요소이며 포장과 프로모션에 있어서의 일관성은 이를 돕는다. Belinda Issac의 책 2-11쪽 참고.

57. 위와 동일한 책 13쪽 참고. 제품 속성과 가치의 창출이 뚜렷한 우수한 사례연구 중 하나는 인도의 Kingfisher 항공의 사례이다. 국내선 분야에서 Kingfisher 항공은 고객이 왕이라는 느낌을 유발하기 위하여 비즈니스 클래스에서 승객의 가방을 옮겨주는 직원 제공, 승무원의 안경 세척과 같은 많은 새로운 서비스를 도입했다. 이 항공사는 또한 '승객'이라는 말 대신 '내빈'으로서 고객을 지칭하는 새로운 시스템을 도입했다. 최근 설문의 일부는 국내선 분야에서 Kingfisher 항공은 가장 선호되는 브랜드가 되었다고 한다. 『*Businessworld*』에 수록된 Aarti Dua의 'Not a Flight of Fancy' 56쪽 참고(2007년 4월 2일).

58. 위와 동일한 책 28쪽 참고. 예를 들어 LG사의 상품 위의 캡션 'Life is Good'을 생각해 보라. 이는 한 브랜드에 의해 전파된 삶의 태도나 철학의 좋은 예이다.

59. Kamil Idris의 책 152쪽 참고.

60. 브랜드 스트레칭은 또한 브랜드 확장으로 알려져 있다. 이를 같은 브랜드 이름 아래 한 회사가 기존 제품 카테고리에 새로운 맛, 포장 크기 등과 같은 추가적인 사항을 도입하는 '라인 확장'과 혼돈해서는 안된다. 가장 좋은 예 하나는 코카콜라의 다이어트 콜라이다. 자세한 내용은 Belinda Issac의 책 131쪽 참고.

61. Belinda Issac의 책 131쪽 참고.

62. 이 점에 있어 실패의 전형적인 예의 하나는 1979년 Levi Strauss & Co사의 새 제품군으로 브랜드 이름 Levi(리바이스)의 확장이다. 남성 캐쥬얼로 유명한 리바이스는 남성 맞춤 울 정장 분야에 'David Hunter-Levi Tailored Classics'라는 브랜드를 도입하려고 시도했다. 그러나 맞춤 울 정장 소비자는 '리바이스'라는 이름이 우수한 품질의 남성 정장에 부적합하다고 느꼈으며, 그 결과 새 제품은 실패하였고, 1년 안에 철회되었다. 성공적인 브랜드 스트레칭의 일례로 원래 의류와 연관된 'Marks&Spencer'의 금융서비스로의 브랜드 이름 확장을 들 수 있다. 이 사례연구에 대한 자세한 내용은 Belinda Issac의 책 132-6쪽 참고.

63. 위와 동일한 책 133-4쪽 참고. 코카콜라사의 과일주스 분야로의 확장 가능성에 대한 분석은 이 문제를 강조한다. 브랜드 분석가들은 오렌지 주스로의 코카콜라의 브랜드 확장이 성공하지 못할 것임을 간파했다. 그러나 코카콜라 스웨트셔츠는 그런대로 괜찮으며 성공적일 수 있다. 이는 콜라 회사가 그들의 과일 주스 분야에는 'Tropicana(트로피카나)', 그리고 광천수에는 'Kinley'와 같은 새로운 브랜드를 출시할 수 있는 하나의 이유이다.

64. 위와 동일한 책 134-5쪽 참고.

65. 위와 동일한 책 172쪽 참고.

66. 위와 동일한 책 174쪽 참고.

67. 이 대화를 통해, 광고는 소비자 행동에 영향을 미치려는 것이다. 성공적인 광고는 신규브랜드의 개발 혹은 기존 브랜드의 개선을 소비자로 하여금 인식할 수 있도록 하는데 요구되는 상당한 시간과 자원을 절약한다.

68. Belinda Issac의 책 173쪽 참고.

69. 위와 동일한 책 176쪽 참고.

70. 새 제품의 경우, 광고는 처음 두 단계, 즉 브랜드 인지도와 브랜드 지식에 초점을 맞춘다. 광고는 특정한 상품의 새로운 측면을 강조한 브랜드명과 관련된 두드러지고 잦은 정보를 제공한다.

71. 종래의 광고는 브랜드와 그 브랜드의 특성에 초점을 맞춘다. 비교광고에서는 하나의 브랜든 직/간접적으로 경쟁상품과 비교된다. 탠덤광고에서는 하나의 상품은 다른 상품의 뒤를 이어서 광고된다. 충격전술에서 사회의 풍기를 위배한 특정한 설정이 광고로써 이용된다. 상품 후원의 경우, 행사나 프로그램이 인지도와 브랜드 관계를 만들 목적으로 홍보된다. 간접광고에서는, 영화나 텔레비전 프로그램 속에서 상황에 맞는 사용을 통한 홍보가 이용된다. 연예인 홍보의 경우, 특정한 연예인이 특정한 제품과 관련이 있다. 광고의 형태와 내용에 관한 세론은 Belinda Issac의 책 177-8쪽을 참고하라.

72. 스폰서십과 이와 관련된 권리와 의무에 대한 자세한 설명은 Hayley Stallard가 편저한 『*Bagehot on Sponsorship, Merchandising and Endorsement*(스폰서십, 상품, 보증의 배짓처방)』 참고(Sweet and Maxwell, 런던, 1998).

73. 위와 동일한 책 1쪽 참고.

74. Avril Martindale의 『*Let the Sponsor Beware*(스폰서가 주의하도록 하라)』 참고(Ent. L,.R., 1994, 4(6), 165-8, 165).

75. Anne M. Wall의 『*Sports Marketing and The Law: Protecting Proprietary Interests In Sports Entertainment Events*(스포츠 마케팅과 법률: 스포츠 엔터테이먼트 행사에

있어서 독점적 이익 보호)』 참고(7 Marq. Sports, L,. J, 77, 84(1996)).

76. 예를 들어, 2001년에서 2004년 간, 스폰서십 단독으로부터 얻은 국제 올림픽 위원회의 수익은 14억 59백만 달러이다. 이는 기관의 전체 수익의 약 34 퍼센트에 해당하는 금액이다. 〈http://www.olympic.org/uk/organisation/facts/introduction/index_uk.asp〉를 참고하라. 이러한 동향을 나타내는 또 다른 예는 토리노에서 열린 동계 올림픽이다. 토리노 동계 올림픽의 예산은 14억 달러였다. 이를 제외하고, 주체국은 약 25억 유로를 인프라 구축에 사용할 예정이었다. 토리노 동계 올림픽을 위한 기업의 후원은 10억 달러 이상이었다. 『*The Economists*(이코노미스트)』의 'War Minus Shooting(총격없는 전쟁)'참고(2006년 2월 16일 발행).

77. 『*The Economists*(이코노미스트)』의 'War Minus Shooting(총격없는 전쟁)' 참고(2006년 2월 16일 발행).

78. Hayley Stallard의 책 5쪽 참고.

79. 자세한 내용은, 위와 동일한 책 6쪽 참고.

80. 위와 동일한 책 7쪽 참고.

81. 올림픽과 FIFA와 같은 주요 행사의 스폰서 대부분은 8년 이상의 계약을 맺은 장기적인 파트너이다. 이러한 장기적인 제휴는 그들로 하여금 행사와 관련하여 강력한 브랜드 이미지를 구축하는 데에 도움이 된다. 스포츠 행사의 긴 기간 또한 이러한 브랜드 구축에 있어서 긍정적인 요인이다.

82. Hayley Starllard의 책 11-16쪽 참고.

83. 위와 동일한 책 16쪽 참고.

84. 위와 동일한 책 20쪽 참고. 이와 관련한 가장 좋은 예는 다섯개의 오륜일 것이다. 심지어 아주 어린 아이들도 오륜마크를 올림픽 행사와 동일하게 인식한다.

85. 위와 동일한 페이지 참고.

86. Avril Martindale의 『*Let the Spnsor Beware*(스폰서 주의하도록 하라)』 166쪽 참고.

87. Hayley Stallard의 책 22쪽 참고.

88. 이에 대한 한가지 예로, Ponds Femina Miss India 2006을 들 수 있다. 여기에서 Ponds와 Femina는 타이틀로 함께 사용되었으며, 모든 언론보도를 통해 볼 수 있었다.

89. Hayley Stallard의 책 53쪽 참고.

90. 위와 동일한 페이지 참고.

91. 위와 동일한 페이지 참고.

92. 이러한 매복을 방지하기 위하여, 스포츠 스폰서십 행동 규범 기관은 텔레비전 업

체에 의해 이벤트 후원자를 제공받은 것이 아니라면, 회원들에게 텔레비전 프로그램 공급업자에 의해 스폰서십 프로그램 동의를 삼가할 것을 조언한다.

93. 가장 흔한 예는 행사명이나 로고가 있는 티셔츠, 모자, 머그컵 등과 같은 것이다. 상품화권에 대한 자세한 설명은 위와 동일한 책 91-108쪽 참고.

94. 스폰서의 의무에 대한 자세한 설명은 위와 동일한 책 66-78쪽 참고.

AMBUSH Marketing

02

앰부시 마케팅의 정의, 범위와 효과

앰부시 마케팅은 무엇인가?

다양한 형태의 앰부시 마케팅 관행

인터넷을 통한 앰부시 마케팅
– 최근에 부각되는 이슈들

앰부시 마케팅의 영향

전 장에서 논의한 것 같이 중요한 행사는 참석하는 사람에게뿐만 아니라 행사 후원을 통해 많은 관계인에게 홍보할 수 있는 기업에게도 역시 좋은 기회이다. 어떤 행사이든 세계적인 행사인 경우 회사들에게는 자신들의 브랜드를 전 세계 고객들에게 홍보할 수 있는 기회와 이 행사의 이미지나 행사 우승자와 연관되는 특혜를 누릴 수 있다.[1] 우리의 토론 주제는 메가 이벤트 중에 등장하는 앰부시 마케팅의 변형들이다.

앰부시 마케팅은 무엇인가?

앰부시 마케팅은 일종의 마케팅 전략으로, 광고사들이 특정 행사에 후원료를 지불하지 않고 자신들을 행사와 연관시켜 이윤을 창출하는 활동이다.[2] Macmillian 영어사전에 의하면 앰부시 마케팅은 마케팅 전략으로 중요한 스포츠 행사에 후원금을 지불하지 않고 자신들을 연관시켜 경쟁하는 브랜드(a marketing strategy in which a competing brand connects itself with a major sporting event without paying sponsorship fee)라고 표현하고 있다.[3] 올림픽 게임의 경우, 비 정부기관이자 비영리단체인 IOC•가 모든 올림픽 심볼, 올림픽기, 올림픽 표어, 올림픽 주제가 등과 같이 올림픽 게임에 대하여 최고 권위와 권리를 가지고 있다.[4] IOC만이 올림픽 후원자를 선택할 수 있고, 올림픽 후원자만이 올림픽을 상징하는 것을 사용할 수 있다.[5]

IOC의 허가 없이 올림픽과 관련 짓는 모든 행위는 앰부시 마케팅에 속한다. 독일 FIFA 월드컵 2006을 예로 들어보자. 15개의 공식 파트너로 아디다스, Anheuse-Bush, Anaya, 코카콜라, Continental, Deutsche Telekom, Emirates, 후지필름, Gillette, 현대, MasterCard, 맥도날드, Phillips, Toshiba와 야후가 있다.[6] 여섯개의 공식 공급자로는 Enerige Baden-Wurttemberg AG(EnBW), OBI, Hamburg- Mannheimer Versicherung, Postbank, ODDSET와 Deutschu Bahn AG가 있다.[7] 만약 공식파트너 외의 다른 회사가 FIFA월드컵과 자신들의 상품을 연관시키려 한다면 앰부시 마케팅이 되는 것이다. 이것은 두 가지 보기에 불과할 뿐 앰부시 마케팅은 패션쇼, 문화행사 혹은 예술행사에서도 일어날 수 있고 심지어 개인의 파티에서도 발생할 수 있다.[8]

McCarthy는 앰부시 마케팅의 종류 중의 하나로, 행사 후원자가 아닌 회사가 행사를 이용하여 광고를 하고 소비자로 하여금 광고에 관심을 가지도록 유도하는 행위라고 정의한다.[9] 어떤 경우에는 행사를 기억하게만 만드는 광고일 수도 있지만, 또 다른 경우에는 회사의 제품이나 서비스가 행사와 관련된 공식 후원사의 것인 듯한 잘못된 인상을 줄 수도 있다.[10] 다시 말해 앰부시 마케팅이란, 권한이 없는 이가 자신의 브랜드를 행사에 관련된 것처럼 보이게 하는 것이다.[11]

• IOC: International Olympic Committee (국제 올림픽 위원회)

예를 들어 만약 코카콜라가 크리켓 월드컵 공식 스폰서가 된다면 펩시콜라는 앰부시 마케팅을 이용하여 일반 대중에게 크리켓 월드컵과의 연관을 암시할 수 있다.

이론상으로 앰부시 마케팅은 승인이나 관련자의 허락 없이 행사의 평판, 명성과 인기를 사용하여 이윤을 남기는 것을 의미한다.[12] 범위를 좁혀 다시 말하면, 이는 한 회사가 스폰서십을 획득한 경쟁사를 약화시키거나 직접적으로 공격하는 행위인 것이다.[13] 앰부시 마케팅은 광고나 캠페인을 통해 이루어진다. 따라서 만약 나이키가 풋볼 월드컵의 공식 후원사라고 가정할 때, 리복은 앰부시 마케팅을 이용하여 일반 대중으로 하여금 경기의 스폰서가 누구인지 혼동시킬 수 있다. 앰부시 마케팅을 통해 나이키의 후원을 가리거나 희석시키는 것이다. 과거를 돌이켜보면 앰부시 마케팅의 성공적인 독특한 전략으로 공식 후원자들이 손해를 본 사례가 많다. 가장 좋은 앰부시 마케팅의 예로 2000 시드니 올림픽 때 Qantas Airway 대 공식 후원자인 Ansett Airway, 2002 FIFA 월드컵 때 삼성 대 JVC와 Phillips 그리고 1984년과 1996년 LA 올림픽 때 나이키 등의 사건 소송이 있다. 이 판례들은 책을 진행하면서 점차 다룰 것이다.

앰부시 마케팅의 다른 이름으로 '기생 마케팅'과 '게릴라 마케팅'이 있다.[14] 앰부시 마케팅에 쓰이는 'ambush'는 '숨은 자리에서 공격'을 의미하며, 이는 '숲 속에 있다'라는 뜻을 가진 불어 동사 'embuschier'에서 유래되었다.[15]

앰부시 마케팅이라는 표현은 유명한 마케팅 전략가 Jerry Welsh가 1980년 America Express 사의 세계 마케팅 매니저로 일할 때 사용한 표현이다.[16] 현재 앰부시 마케팅은 광고 도둑으로 인식되어 있지만 Jerry Welsh는 이 시각에 동의하지 않는다. 그는 현대 마케팅에서 후원자와 매복자는 자칭 윤리위원자의 윤리적 저울에 붙일 수 없고, 이것은 그저 두 가지 다르면서도 보완적인 관계에 있을 뿐이며 같은 공간에서 소비자들의 인정과 신뢰를 놓고 벌이는 경쟁에 불과하다고 설명했다.[17] 그는 치솟는 물가와 부문 독점적인 스폰서십의 슬픈 현실에서 앰부시 마케팅의 근원을 찾았다.

한 후원자가 후원자에게 주어진 일반 시민들의 관심을 모두 산다는 것은 사실상 불가능하다. 그러한 상황을 이용하여 이윤을 남기는 것이 바로 앰부시 마케팅이다.[18] 어떤 정의를 우리가 받아들이든 앰부시 마케팅은 전 세계 행사 주최측과 후원자들에게 있어서 심각한 문제로 발전했고, 각각 중요 행사에 다른 모습으로 자주 나타나서 적지 않은 파문을 일으키고 있다.

다양한 형태의 앰부시 마케팅 관행

앰부시 마케팅은 최근의 현상이 아니며 전부터 존재하고 있었다. 예전에는 단순한 형태로서 앰부시 마케터의 홍보 상품으로 행사 관련 무료 상품권을 제공하는 것이었다. 그러나 시간의 흐름에 따라 앰부시 마케팅의 방법은 나날이 발전했고 현재는 매우 다양한 시나리오를 가지고 있다.[19] 우리는 대체적으로 두 가지의 앰부시 마케팅의 형태를 볼 수 있다. 첫 번째 형태는 행사에 직접적으로 관여하는 것이다. 두 번째는 좀 더 흔한 경우로, 앰부시 마케터가 교묘한 광고를 사용하여 행사나 행사 후원자들을 간접적으로 공격하는 것이다. 첫 번째 경우, 해결책은 비교적 쉽다. 그러나 두 번째 경우에는, 확실한 해결책이 없으므로 매우 다루기 힘들다. 이 장에서는 현대 마케팅 시나리오에서 볼 수 있는 다른 형태의 앰부시 마케팅을 분석하고자 한다.

이 장에서 다뤄지는 앰부시 마케팅의 사례를 보면서 독자는 '왜 이 장의 보기들이 스포츠 행사에 제한되어 있는가'라는 의문을 가질 수 있다. 그에 대한 가장 큰 이유는 실제 있었던 일만을 다루기로 결정했고, 이러한 일들이 중요 스포츠 이벤트에서 일어났던 사건이기 때문이다. 스폰서십은 예술이나 교육 분야에도 존재하지만, 스포츠 분야에서 보다 활발하다. 현재 스포츠 분야 스폰서십은 수십억 달러 규모의 사업이며, 각종 스포츠 행사에 점점 더 많은 관객이 동원되고 있기 때문에 이는 스폰서에게 매혹적이다.[20] 또한 스포츠 스폰서십은 전체 법인 스폰서십 지출의 약 63~65%를 차지하고 있다.[21] 전세계적으로 잠재 관객들과 스포츠 행사의 팬들이 있기에, 국제 스포츠 행사는 앰부시 마케팅의 천국이 된다.[22] 가장 흔히 쓰이는 앰부시 마케팅은 행사 방영 때의 광고시간을 사는 것이다.[23] 이러한 앰부시 마케팅 기술로 악명 높은 법인 회사로 American Express가 있다.[24] 노르웨이 올림픽 기간 중, 경쟁사인 VISA는 4천만 달러를 투자하여 올림픽 스폰서가 된 반면, American Express는 '노르웨이를 방문하실 때, 여권은 필요하겠지만 VISA는 필요하지 않습니다'라는 광고 문구로 IOC와 VISA를 당황케 했다. 사실, 이는 1992년 VISA가 당한 공격의 발전된 형태였다. VISA는 1992 동계올림픽과 하계올림픽을 위해 2천만 달러를 투자했다. 한편 그 동안 American Express 또한 상당한 방송광고시간을 주요 방송국으로부터 구입했고, 프랑스 알프스를 보여주며 '겨울의 즐거움과 경기'라는 표어로 광고를 했다. 같은 해, 스페인 바르셀로나 올림픽에서 '그리고 기억하세요. 스페인을 방문할 때 VISA는 필요하지 않습니다'라는 표어로 광고하기도 하였다. 여기서 눈 여겨 봐야 할 점은, American Express의 광고에 '올림픽'이라는 단어는 단 한번도 사용되지 않았다는 것이다. 스폰서십의 가치를 잘 알고 있는 행사 주최측인 IOC는 빈번한 앰부시 마케팅에 분노하면서 '반복적으로' 올림픽 행사의 후원자인듯한 인상을 주려고 하는 것에 대해 고소하겠다고 위협했다. 하지만 이는 이미 너무 늦었고, 그 광고들은 세계의 주목을 끌었다. 그 당시의 많은 사람들은 여전히 American Express를 공식 스폰서로 여겼다. American Express의 이 기발한 발상은 마케팅 교재와 논문에 소개되면서 앰부시 마케터에게 흥미로운 주제로 받아들여진다.

다른 경우로, 1984 올림픽 당시 필름 카테고리의 독점적 후원사인 후지가 앰부시 마케팅 당한 일화가 있다.[25] 이 올림픽 동안 후지는 방송관련 권리를 폐쇄하지 못한 치명적인 실수를 저질렀다. 그 결과 최고의 경쟁회사인 코닥이 ABC TV의 올림픽 게임 방송을 후원하게 되었고 IOC와 후지의 동의 없이 관중의 관심을 끌 수 있었다. 1988 캘거리 동계올림픽 중에는 맥도날드가 이와 비슷한 운명을 맞았다. 최고의 경쟁사인 웬디스는 ABC 방송사의 경기방송을 후원하며 맥도날드의 공식 스폰서십에 대응했다. 또한 웬디스는 '우리는 응원합니다!'라는 문구가 있는 스키 경기 포스터를 가게 앞에 붙이고 종이 접시에 올림픽 이야기를 인쇄했고, 오륜 마크와 비슷한 모양을 냅킨에 새겼다.[26] 또 다른 경우로, 컨버스가 후원했던 1984 LA 올림픽 게임이 있다. 최고 경쟁사인 나이키는 'I love LA'라는 문구를 사용했고 이는 좋은 반응을 얻었다. 1988 서울 올림픽에서는 리복이 다른 방법을 사용하였다. 당시 리복은 올림픽의 공식 후원자가 아니었는데, '모든 게임이 서울에 있는 것은 아니다' 라는 문구를 사용하며, 교묘한 방법으로 공식 후원사를 공격했다.[27]

이와 비슷한 또 다른 사례가 2004년 아테네 올림픽에서 일어났다. 2004년 5월에 Choice 호텔은 "그리스 아테네에서 열리고 있는 큰 경기의 티켓을 획득하세요"라는 문구의 광고를 방송하기 시작했다. 이에 미국올림픽조직위원회가 재빨리 개입하여, Choice 호텔로 하여금 올림픽 경기 티켓을 의미하는 광고를 홍보차원으로 사용할 수 없음을 통보했다. 결국 Choice 호텔은 온라인, TV, 라디오 광고에서 "큰 경기"란 말을 삭제하게 된다.[28]

이 모든 상황에서 앰부시 마케팅은 광고 캠페인에 상표권이나 행사 심볼을 사용하지 않고, 그 대신 행사 장소와 관련을 지었다. 이것은 American Express의 광고에서 많이 볼 수 있는 것이었다. 그러나 어떤 경우엔 행사 장소의 지명을 사용하지 않고, 독특한 전략을 사용하는 경우도 있다. 다음은 미국의 타주 솔트레이크 시타에서 열린 2002년 동계올림픽 때 Nabisco의 사례이다. Nabisco는 Fig Newton Cookie에 고대 올림픽 선수가 원반을 던지는 모습을 묘사하면서, "고대 운동선수들은 무화가를 숭상했고, 연습 중에는 에너지를 위해 먹었다"라고 적어 넣었다. 이것은 그냥 사실을 적어 넣은 문구라고 할 수 있지만 이 문구는 Nabisco의 경쟁사이자 공식 후원자인 Powerbar를 겨냥한 앰부시 마케팅이었다. 그 결과 미국올림픽조직위원회는 Nabisco를 상대로 소송을 제기했는데, 회사가 소비자들의 의식에 Fig Newton Cookie가 올림픽과 관계된 것처럼 보이려고 했다는 것이 그 이유였다.[29]

이러한 방법으로, 많은 경우 앰부시 마케팅이 공식 후원자의 광고보다 관중들에게 더 많은 영향을 미친다. 좋은 예로, 캐나다 하키 리그 중에 생긴 앰부시 마케팅을 들 수 있다. 이 행사에서는 공식 후원자인 코카콜라보다 펩시 사의 광고가 더 많은 호응을 얻었다.[30] 흔한 앰부시 마케팅의 다른 예로서 선수나 팀과 계약을 맺는 경우다.[31] 선수를 이용한 앰부시 마케팅의 좋은 예로는 코카콜라가 공식 후원자였던 1992년 올림픽이 있다. 펩시는 미국 올림픽 농구 선수인 매직 존슨의 광고를 방송함으로 교묘하게 코카콜라에 대항하여 앰부시 마케팅을 했다.[32] 이와 비슷한 수법이 2002년 솔트레이크시티 동계올림픽 때도 사용되었다. 이 때 공식 후원자는 AT&T와 Quest사였다. Sprint PSC는 무선 서비스를 홍보하고자, 2002년 올림픽 1년 전에 올림픽 유망주인 Jimmy Shea와 Jonny Moseley와 계약했고, 그들과 올림픽 관련 광고를 만들어 올림픽 전후로 광고 방송을 하였다.[33] 이 같은 방법은 현재까지도 사용되고 있으며, 비슷한 사례를 2007년 ICC 크로켓월드컵에서 찾아볼 수 있다. Hutch Telecom은 월드컵의 공식 후원자 중 하나였다. Reliance Telecom은 인도에서 Hutch Telecom의 최고 경쟁사였는데, 이 회사는 Sachin Tendulkar라는 유명한 크리켓 선수와 광고를 찍고 대회 중 그 선수의 목소리를 사용하여 광고를 방송하기도 하였다. 이에 Hutch는 ICC를 대상으고 Reliance Telecom을 막지 못한 데에 대한 손해배상 청구를 했다. 운동선수들을 사용한 앰부시 마케팅 광고는 현재 더욱 발전하여 기승을 부리고 있다.

1992년 올림픽 당시 공식 후원사는 리복이었다. 당시 미국 농구 드림팀이 금메달을 받으러 시상대에 올라갔을 때, 나이키의 후원 계약을 맺고 있던 유명 선수 마이클 조던과 찰스 버클리는 운동복에 새겨져 있던 리복의 로고를 미국 국기로 가려버렸다.[34] 이들 선수들의 행동은 전 세계적으로 스폰서들을 경악케 했고 나이키는 많은 사람들로부터 지탄을 받았다. 비슷하지만, 더 독특한 경우를 1996년 올림픽에서 볼 수 있다. 이때도 역시 공식 후원자는 리복이었는데, 이때 리복은 앰부시 마케팅을 완전히 당하고 만다. 영국의 100m 주자 Linford Christie가 기자회견 때 하얀 퓨마가 그려져 있는 컨텍트 렌즈를 착용한 것이다.[35] 이 렌즈는 전 세계 미디어의 관심을 끌었고, 모든 해외 언론의 첫 장을 장식했다. 시간이 흐를수록 이런 방법들은 더욱 다양해지고 심지어 요즘은 선수의 몸을 빌보드로 사용하는 경우도 있다. 이런 최근의 수법은 선수의 몸에 문신을 새기는 형태로 나타나고 있으며, 행사 주최에겐 심각한 문제가 되고 있다.[36] 2001년 9월 권투선수 Bernard Hopkins의 등에 인터넷 도박 카지노인 Goldenpalace.com의 로고가 새겨져 있었다. 보도에 따르면, 온라인 도박장은 십만 달러를 광고비로 주었고, 그 로고 노출을 통해 증가하는 웹사이트 방문 횟수로 쉽게 그 돈을 회수했다고 한다.[37] 이 경우는 광고계나 행사 주최측들에겐 놀랄만한 일이었다. 앰부시 마케팅을 목적으로 경기에 참여하는 팀을 후원하는 일은 예전엔 아주 흔한 일이었다. 좋은 예로 1988년 올림픽 당시 후지사의 앰부시 마케팅이 있는데, 이때 공식 후원사는 코닥이었다. 그러나 당시에 후지사가 미국 수영팀을 후원하며 경기에 모습을 드러냈다.[38] 하지만 현재는 대부분 행사 주최측이 경기 팀과 스폰서십을 통제하고 있다. 그 결과 요즘은 이런 행태가 급격히 줄어들고 있다. 흔하게 사용하는 앰부시 마케팅의 다른 형태는 경기 티켓을 소비자에게 무료로, 혹은 경품으로 제공하는 방법이다.[39] 허락 없이 경기 티켓을 사용하는 것은 넓은 의미에서 앰부시 마케팅에 포함된다.

이러한 행위는 직접적으로 경쟁사를 겨냥한 앰부시 마케팅이라기 보다는, 행사의 인기나 평판을 이용하는 것이라고 볼 수 있다.[40] 회사들은 이 방법으로 법적 소송에 걸리지 않기 위해 다양한 방법을 쓰고 있다.[41] 인도에서 실제로 일어난 법정소송 두 가지를 살펴 보겠다. ICC Development(International) LTD와 Arvee Enterprise,[42] ICC Development(International) LTD와 Ever Green Service Station 간의 소송[43]이 그것이다.

첫 번째 경우, 피고인 Arvee Enterprise는 Phillips의 승인 딜러이다. 2003년 크리켓 월드컵 전에서 피고사는 "Phillips: Diwah Manoa World

Cup Jao"와 "Phillips 오디오 시스템을 구입하시면 월드컵 티켓에 당첨될 수 있습니다"라는 표어로 광고를 만들었다. 그리고 월드컵의 가상 티켓 사진을 광고에 삽입했는데, 이 광고는 신문, TV, 인터넷과 잡지를 포함한 많은 매체에 나타났다. 이들 매체의 광고, 스폰서십을 포함한 모든 지적 재산의 권리를 가진 원고는 피고가 앰부시 마케팅을 하지 못하도록 법정이 조치를 취할 것을 요청했다.[44]

두 번째 경우도 위와 흡사하다. 피고인 Ever Green Service Station은 Hindustan 석유의 딜러이다. 피고는 공식후원자가 아니면서, 주최측의 허락 없이 "Race 4 The World Cup Offer(월드컵 기회를 위한 경주)"라는 이름의 경주대회를 열었다.[45]

이런 종류의 앰부시 마케팅은 2001년에도 발생했다. 인도 맥주 회사가 NCAA 티켓을 경품으로 사용한 것이다. 이 홍보 행사의 당첨자는 남자 농구 4강전에 참석할 수 있게 했다.[46] 이는 NCAA 티켓 뒷면과 신청서에 명시된 바와 같이 명백한 위반 행위이다. 이 문제가 법정까지 왔을 때, NCAA는 당첨자의 티켓을 무효화 시키려고 하였으나 이득이 없다는 것을 알고 그것을 포기했다. 4만 5천 명의 관중 속에서 당첨자를 찾아낸다는 것은 불가능해 보였고, 찾는다 하더라도 관중을 내쫓는 것은 좋지 않은 여론을 일으킬 것을 알았기 때문이다.

위의 사례는 이 형태의 앰부시 마케팅이 가지는 진정한 문제점을 보여준다. 그러나 이러한 앰부시 마케팅은 아직도 많이 사용되고 있으며, 2006년 FIFA 월드컵 때도 역시 발생했다. 패스트푸드 체인점 버거킹은 공식후원자가 아니었지만 행사 티켓과 독일 여행권을 나누어주는 행사를 하려 하였다. 공식 후원사는 최고 경쟁사인 맥도널드였다. 그 결과 FIFA는 버거킹의 시도에 대해 금지명령을 내렸고, 이는 성공적이었다.[47] 앰부시 마케팅은 종종 경품 콘테스트를 이용하여 이루어지기도 한다. 유명한 사건으로 NHL• 과 펩시가 대치한 일이 있다.[48] 당시 NHL의 공식 후원사는 코카콜라였다. 1990년 봄, NHL Stanley Cup 플레이오프 중, 경쟁사인 펩시는 "다이어트 펩시는 400만 달러 Pro Hockey Pool"이라는 홍보 캠페인을 시작했다. 널리 알려진 이 콘테스트에서 당첨자는 일만 달러까지 받을 수 있었다. 만약 실제 NHL 플레이 오프 결과가 펩시 병뚜껑, 컵이나 콘테스트 스크래치 카드에 나와 있는 예상과 일치할 경우 당첨이 되는 것이었다. 펩시는 이 행사의 이름을 "NHL Playoff Pool" 대신 "Pro Playoff Hockey Pool"이라고 묘사했다. 또한 NHL과 관련이 없음을 홍보 관련 물품에 표기하였으며, 홍보 관련 물품에는 NHL의 등록상표인 "Boston Bruins" 대신 도시의 지명 "Boston"을 사용하였다. 펩시는 이 콘테스트를 TV 광고에도 사용하였다. 그 광고는 전 NHL 코치였던 Don Cherry가 일반 하키 유니폼을 입은 선수들과 락커룸에 앉아 있는 광고였는데, 이에 NHL은 법정에서 펩시가 NHL의 명성을 이용해 광고를 만들었고, 그로 인해 대중이 펩시와 NHL의 관계를 오해할 수 있다고 지적하였다.[49]

또 다른 보편적인 앰부시 마케팅 기술로는 "염원광고"나 "축하광고"를 들 수 있다. 인사 메시지를 통해 행사나 성적에 대한 연관을 꾀하는 것이다.[50] 중요 행사 중 매체를 통하여 선수나 팀에게 "행운을 빕니다"나 "축하합니다"라는 인사를 하는 방법인데, 많은 경우 이런 광고들은 미래 소비자인 시청자로 하여금, 팀이나 개개인의 선수가 회사와 연관이 있거나 추천을 받은 것으로 착각하게 한다. 여기에 수록할만한 일화로 1992년 바르셀로나 올림픽에서 일어난 사건이 있다. 그 당시 펩시는 올림픽의 후원자가 아니었는데, 올림픽이 개최되기 전에 펩시는 드

• NHL: National Hockey League (국제 하키 리그)

림팀 선수인 매직 존슨이 출연하는 광고를 제작한다. 광고 내용은 "우리의 친구이자 파트너인 얼빈 존슨에게 우리 모두가 필승! 매직!" 이라는 메시지였다. 이 때 공식 후원자가 코카콜라였는데 이는 그들을 향한 교묘한 앰부시 마케팅이었다.

또 다른 앰부시 마케팅의 유형으로 행사 전후에 주최하는 파티를 통해 일어나는 형태가 있다.[51] 이러한 파티의 주 목적은 참석하는 사람이나 미디어에 광고를 하기 위함이다. 예로서, 목마른 스포츠 팬들에게 독일 바스타인 맥주의 넓은 정원 파티를 올림픽 경기장에 들어 올 때마다 마주치게 한 일화가 있다. 또한 그와 동시에 밀러 맥주는 많은 관중과 함께 팝음악 콘서트를 아틀란타에서 8인간 주최하기도 하였다. 결국은 이러한 파티들이 공식 후원 맥주 회사에게 큰 타격을 주었다.

행사장 근처에서 자신만의 광고 공간을 구매하는 것 역시 하나의 앰부시 마케팅 전략인데, 지역 광고판, 건물 사인 등을 이용하여 자신만의 광고 공간을 확보하는 경우이다.[52] 가장 많이 사용된 예로, 1984년 LA 올림픽을 들 수 있다. 그 당시에는 Converse사가 공식 후원업체였는데, 최고 경쟁사인 나이키가 국제올림픽위원회와 공식 후원업체를 깜짝 놀라게 했다.[53]

이와 비슷한 일화가 2002년 솔트레이크시티 동계올림픽에서 일어났다. 타이어 할인판매 회사가 광고 캠페인으로 타이어를 오륜 모양으로 한 광고판을 사용한 것이다.[54] 또한, 이 광고판은 다국어로 이루어진 인산말을 담고 있기도 하였다. 이에 미국올림픽조직위원회는 이것이 잘못된 올림픽 용어와 이미지를 사용하여 올림픽 게임과 경기에 연관이 있는 듯한 오해를 줄 수 있는 여지가 있으므로 철거할 것을 요구하였다. 더 놀라운 사건이 솔트레이크시티 동계올림픽에서 일어났다. 그 당시 Anheuser-Bush는 500억 달러를 투자하여 공식후원자가 되었는데, 지방회사인 Schirf 맥주에서 기가 막히면서도 합법적인 아이디어로 배럴 트럭을 페인트칠 하였다. 트럭에는 이런 문구가 쓰여 있었다. "Wasutch 맥주, 2002년 동계올림픽의 비공식 맥주"[55]

사람들로 하여금 앰부시 마케터의 상표가 있는 의복을 입게 하거나, 물건 혹은 액세서리를 착용하게 하는 것도 흔히 쓰이는 앰부시 마케팅의 형태이다. 이는 자주 발생하기 때문에 앰부시 마케팅과 같은 것으로 간주된다.[56] 1996년 아틀란타 올림픽게임에서 이의 전형적인 사례가 발생했다. 당시 공식 후원자였던 리복은 경기장 안에 많은 관중들의 손에 쥐어진 나이키의 로고가 새겨진 종이 깃발을 보고 깜짝 놀랐다. 나이키 관계자들이 경기장 근처에서 종이깃발을 나누어 준 것이다. 이 종이깃발을 흔드는 관중들이 TV 카메라에 포착되어 공식 후원업체로 하여금 깊은 한숨을 내쉬게 하였다.[57] 이와 비슷한 사례가 한국과 일본에서 열린 2002 FIFA 월드컵에서도 벌어졌다. 그 당시 공식 후원업체는 JVC와 Phillips사였는데, 여기에서 삼성이 삼성의 로고가 찍힌 야구 모자를 관중들에게 나눠준 것이다. 당연하게도 경기 방송 중에 삼성의 로고가 눈에 띄게 되었고, 이것으로 인해 삼성의 경쟁력에 영향을 미쳤을 것으로 보여진다.

그러나 앰부시 마케팅은 더 많은 발전을 보이고 있다. 요즘 앰부시 마케팅 중 가장 인기가 있는 전략은 비행기나 헬기에 배너를 달고 지나가는 것이다.[58] 한 예로서, 지난 1994년 St Prersburg에서 열린 Goodwill 게임을 들 수 있다. 그 당시 공식 후원업체는 리복이었는데, 나이기가 경기장 위루 대형 풍선을 띄우고 Goodwill 게임 자전거 경기장 통로에서 운동화를 판매하며 리복을 앰부시 하였다.[59]

자주 쓰이는 또 다른 앰부시 마케팅 방법으로 상품 판매 전략이 있다. 예로서, 2002년 솔트레이크시티 동계올림픽에서 일어난 사례가 있다. 당시 Quick Silver Inc는 아무런 허가 없이 올림픽 주제의 티셔츠, 스웨트 셔츠, 핀과 열쇠고리를 제작하여 파크시티와 솔트레이크시티 매점에서 판매하였고,[60] 산과 물결을 변형시킨 듯한 로고와 오륜과 비슷한 디자인을 사용하였다. 그리고 또한 솔트레이크시티 동계 2002라는 표어가 디자인 위에 포개져 있고 "Olympian"이라는 단어가 적혀 있었다.

또 다른 예로, 스위스 기업 Intelicense와 하위 라이선스 회사가 미국올림픽조직위원회의 허가 없이 공식 IOC의 형용 문자를 사용하려 한 사건이 있다. 올림픽 오륜의 배경에 여러 명의 선수들이 각각의 올림픽 종목 스포츠를 하고 있는 모양을 디자인한 것이다. 하지만 미국올림픽조직위원회는 법정 소송으로 이를 막아냈다.[61]

또 다른 흥미로운 사건으로는 정부기관인 체신부의 앰부시 마케팅을 들 수 있다.[62] 미국 체신부는 1996년 5월 올림픽 기념우표와 티셔츠, 컵, 그리고 핀을 제작할 계획을 발표했으나, 올림픽조직위원회는 이것이 스폰서십과 라이선스의 가치를 격하시킨다는 이유로 반대했다. 체신부는 공식 올림픽 표어나 상표가 들어가지 않는다고 처음에 주장하였으나, 나중에는 우표를 포함한 모든 예술 상품에 배타적 라이선스의 사용을 허락 받는 데 동의했다.

구별해서 다뤄 볼만한 두 가지 앰부시 마케팅의 소송 사례가 있는데, 바로 The New Zealand Olympic and Common Wealth Games Association 대 Telecom New Zealand Limited[63]와, Master Card International 대 Sprint Communication Co이다.[64]

첫 번째 사례는 1996년 아틀란타 올림픽 경기가 시작하기 몇 달 전에 벌어진 사건이다. 뉴질랜드 텔레콤 회사는 "Ring"이라는 단어를 오륜 형태로 만들어 광고를 시작했는데, 광고 슬로건으로 "텔레콤 모바일과 함께라면 여러분의 전화를 올림픽에 가져갈 수 있다"를 사용하며 광고하였다. 이 회사는 공식 후원업체가 아니었지만, 이 광고로 인해 시청자들은 이 회사가 올림픽과 관련이 있다고 생각했다.

두 번째 경우는 1994년 월드컵 때 일어났다. FIFA는 ISL에게 1994년 월드컵의 스폰서십을 배분할 수 있는 권리를 주었는데, ISL이 Master Card International에게 월드컵 공식 후원업체의 권리를 준 것이다. 그로 인해 Master Card는 모든 카드 대금 청구서와 계좌 관리 장비에 "월드컵 94"의 등록 상표를 독점 사용할 수 있는 권리를 얻었고, 신용카드, 캐시카드, 여행과 여가 카드, 온라인 혹은 오프라인의 결제 카드, 수표보장카드 등에서 서류상의 합의로 제한 없이 사용하였다.

ISL은 World Cup USA 1994가 그 당시 현지조직위원회였는데, 현지조직위원회에게 게임의 공식파트너가 될 회사들로 하여금 월드컵 상표를 사용 가능케 하는 라이선싱 권한을 가지지 못함에 따라 공식 파트너들 역시 어떠한 카드 결제서나 계좌 접근 장비에 월드컵 마크를 사용하지 말 것을 당부 받게 된다.

현지조직위원회와 텔레콤 회사 Sprint는 다음과 같은 합의점에 도달한다. 현지조직위원회는 Sprint에게 월드컵 게임을 위한 배타적 장거리 통신 업체가 되는 권한을 주고, 월드컵 로고와 마크를 광고, 홍보 그리고 프로모션에 사용할 수 있게 해주었다. 이에 따라 Sprint는 협약을 자신이 이해한 것을 바탕으로 월드컵 마크가 새겨져 있는 전화카드를 십 만개 발행하였다. 카드에 각각의 개별번호가 적혀있기는 했지만, 카드를 읽고 스캔 할 마그네틱 선도 없을뿐더러, 신용카드로서 사용할 수도 없었다. Master Card는 Sprint가 카드를 발행하는 것은 공식후원업체만의 고유 권한에 들어간다고 주장하며 이를 반대하였고, 법정에 Sprint의 카드발행을 금지할 것을 요구했다.[65] 이 두 가지 사건은 앰부시 마케팅이 얼마나 복잡해 질 수 있는지 보여준다.

오늘날, 앰부시 마케팅은 현실공간에 국한되지 않는다. 최근에는 가상공간에서도 앰부시 마케팅이 시작되었다. 광고주들은 인터넷으로 소비자들에게 다가간다. 매일 오르는 인터넷 페이지 수를 고려해보면, 앰부시 마케터를 추적하는 게 얼마나 힘든지 알 수 있을 것이다. 하지만 여기서 흥미로운 점은, 솔트레이크 올림픽 조직위원회와 미국올림픽위원회, IOC가 올림픽 마크를 담고 있는 천팔백 개의 도메인에 사이버 앰부시 마케팅으로 소송을 걸며,[66] 역대 가장 큰 사이버 앰부시 마케팅 소송을 기록했다[67]는 점이다. 그 중 한 사례로, 올림픽의 오륜을 연상시키는 다섯 개의 눈송이가 겹친 모양의 로고를 자신의 웹사이트(www.brightonupthegames.com)에 사용한 Brighton Ski Resort사의 일화를 들 수 있다.[67] 미국올림픽위원회는 연방법원에 Brighton Ski Resort사의 도메인 중 'games'라는 단어를 제외할 것을 요구했고, 또한 솔트레이크시티 공항 게시판의 다섯 개의 겹친 눈송이 모양 로고를 제거할 것 역시 요청했다.

결국 Brighton Ski Resort는 요구대로 조치를 취했다. 과거의 주요 행사 때 나타난 앰부시 마케팅 기술이 얼마나 큰 문제인가를 보여주는 단적인 예이다. 여기서 소개된 기술들은 전 세계적으로 나타난 수백 가지의 앰부시 마케팅 중 몇 가지 사례에 불과하다. 오늘날 많은 광고 회사들의 웹사이트에서 앰부시 마케팅 기술들을 과시하는 것을 볼 수 있다.[69] 행사 주최측과 기업들이 이 문제를 어떻게 풀어갈지는 지켜볼 문제다. 하지만 여기서는 최근의 사례 하나를 소개하는 것으로 마무리 하겠다. 2006년 3월 Common Wealth Game의 개막식 중 Queen's Barton Relay의 마지막 주자 중 한 사람이었던 Gold Coast의 시장 Ron Clarke는 "Very GC"라는 로고가 새겨진 모자를 쓰고 있었다.[70] GC는 "Gold Coast"를 줄인 표현이다. 상황을 살펴보면, 이 행사는 세계적으로 방송될 것이고, 당시 그 외에 어느 누구도 그 모자를 착용하지 않았다. 그럼 이를 자신이 시장으로 있는 도시를 홍보하려는 일종의 앰부시 마케팅 전략으로 볼 수 있을까? 대답은 쉽지 않다. 역시 앰부시 마케팅의 교묘한 기법 중 하나라고 할 수 있겠다.

인터넷을 통한 앰부시 마케팅
– 최근에 부각되는 이슈들

과거의 행사들에 나타난 앰부시 마케팅을 살펴보았다. 앰부시 마케팅의 문제에 대한 부분적 해결책을 찾으려는 목적으로, 앰부시 마케팅이 일어날 수 있을 만한 새로운 공간에 대해 집중해야 할 필요가 있다. 새로운 도전들은 주로 인터넷이란 수단을 통해 시작되었다. 점점 증가하는 인터넷으로의 접근은 행사 주최측과 스폰서들에겐 독점보호 보장을 위한 또 다른 숙제이다. 앞서 살펴보았듯이, 앰부시 마케터들이 사용하는 가장 흔한 방법은 행사 타이틀이나 행사에 관련된 이름을 도메인 네임으로 사용하는 것이다. 도메인 네임과 관련한 성공 사례가 있긴 하지만, 점점 증가하는 웹사이트와 웹페이지는 문제를 복잡하게 만든다.

비슷하게 중요성을 가진 문제로는 인터넷상의 정보를 허가 없이 사용하는 것을 들 수 있다. 행사 주최측은 대중들에게 행사를 알리기 위해 많은 발행물을 만든다. 이것을 재생할 때는 행사 측의 허가가 필요하다.[71] 앰부시 마케터들은 이러한 정보를 기발한 방법으로 사용해서 행사와 관련이 있는 듯한 인상을 만든다.

또 다른 어려운 문제는, 앰부시 마케터들이 마치 웹사이트와 그 내용이 자신들의 것인 양 표현하는 것인데, 그것은 방문자들을 행사 주최측 공식 웹사이트로 링크하게 하는 대신에 앰부시 마케터의 사이트 내에서 "Framing"이라는 수단을 통해 표현한다. 또한 공식 웹사이트로의 링크를 특정 방법으로 디자인하여, 브라우저에게 마치 그들의 웹사이트가 행사 주최측으로부터 승인을 받았다고 믿게끔 하기도 한다.[72]

링킹이라는 것이 많은 문제를 일으키는데, 이는 드러내놓고 하든 암시적으로 하든 링크되고 있거나 링크가 된 사이트와의 근거 없는 연관을 보여줄 때, 그리고 전혀 연관이 없는 페이지가 마치 행사 주최측과 관련이 있거나, 행사 주최에 소속이 되어 있거나, 주최로부터 승인이나 후원을 받았다는 인상을 주게 될 때 발생한다. 또한 만약, 앰부시 마케터의 웹사이트가 FIFA 월드컵 공식 웹사이트와 링크가 되어있다면, FIFA의 승인 하에 링크가 되었다는 인상을 줄 수도 있다.

비슷한 경우로 행사 주최측의 허락 없이 행사 제목을 메타태그(Meta tag)로 사용하는 행위를 들 수 있다. 메타태그는 웹사이트의 HTML 코드의 중요한 단어로, Google이나 Altavista와 같은 검색 엔진을 통해 웹사이트의 내용을 찾아내는 것을 가능케 하는 것을 의미한다. 월드컵이라는 단어를 Google에서 검색할 때 검색엔진을 통해 메타태그에 월드컵이라는 단어를 포함한 웹사이트를 찾는 것이다. 그 메타태그의 수가 많아질수록 페이지의 순위가 높아지게 된다. 만약 앰부시 마케터들이 자신의 웹사이트에 월드컵이라는 메타태그를 HTML 코드에 많이 사용한다면, 월드컵이라는 단어의 검색 결과에서 그 웹사이트가 공식 웹사이트보다 상위에 보일 수 있는 것이다. 메타태그는 평범한 방문자의 눈에는 보이지 않기 때문에 발견하기 어렵다. 허가받지 않은 메타태그의 사용에 관련된 잘 알려지지 않은 사건이 있는데, 1999년도의 Tata Son Ltd 대 Bodacious Tata가 그것이다

앰부시 마케터들이 오용할 가능성이 있는 광고로 팝업과 배너를

들 수 있다. 팝업 광고는 새 브라우저 윈도우에 뜨는 광고인데,[73] 컴퓨터에 내장되어있지만 종종 사용자는 모르고 있는, Gator와 Savenow등과 같은 에드웨어(Adware)나 스파이웨어(Spyware) 프로그램의 힘을 빌어 발생한다. 그 소프트웨어가 설치되면, 사용자의 온라인 활동이 추적되어, 사용자의 활동 영역과 관련된 팝업 광고가 나타나게 된다.[74]

만약 FIFA 웹사이트를 자주 방문한 축구팬의 경우를 예로 들어보면, 소프트웨어가 축구나 FIFA와 관련된 광고를 팝업시키게 되는데, 이때 팝업 된 광고를 사용자가 클릭하면 상관이 없는 광고 웹 페이지로 연결되는 것이다. 사용자는 이 광고가 FIFA와는 전혀 무관하다는 사실을 알지 못할 것이다.

배너 광고 또한 위와 비슷한 가능성을 가지고 있다. 배너 광고는 웹사이트 위나 아래의 사각에 띄워지는 광고이다.[75] Yahoo를 사용하는 인터넷 사용자는 이런 사각 광고에 익숙할 것이다. 그러나 어떤 경우에는 광고들이 광고라기 보다는 정보 소스와 같은 형태일 때가 있는데, 팝업 광고와 같이 배너도 클릭할 경우 그것과 상관 없는 사이트로 연결될 수 있다. 이를 이용하여 앰부시 마케터들은 팝업과 배너 광고를 사용하여 비용을 줄이고, 법정 소송의 위험을 피해 갈 수 있다. 입안자들이나 법정은 아직 이러한 문제를 해결할만한 마땅한 대응책을 마련하지 못했기 때문이다.[76] 여기서 다룰 또 하나의 이슈는 키워드 판매 문제이다. 키워드 광고는 Google이나 MSN같은 검색엔진에 연결되어 있는데, 언제든 특정한 단어를 검색할 때면 자신의 광고가 뜨게 만든다. 따라서 만약 'FIFA 월드컵'을 Google에서 검색할 경우, 많은 비공식 웹 링크들이 검색페이지 우측에 등장하게 된다. 이와 같은 링크들은 광고업자가 제공하는 것으로서, 사용자들은 주의 깊게 살펴보아야만, 광고 링크와 FIFA가 아무런 관련이 없다는 것을 알 수 있다. 이러한 경로로 비후원자는 행사와 관련을 지을 수 있다. 이러한 새로운 문제점들이 행사 주최측과 후원자의 행사에 대한 지적 재산권을 보호하는 것을 어렵게 만든다.

앰부시 마케팅의 영향

행사의 합법 후원자들은 스폰서십 프로그램이 행사의 공식상표, 로고 그리고 디자인들을 독점으로 사용하기를 바란다. 그들은 스폰서십을 통한 독점 광고와 홍보를 기회로 이윤을 남기기를 원한다. 또한 자신들을 행사의 공식 후원자로 내세워 마케팅과 홍보 캠페인을 하기를 원한다.[77] 그러나 독점율이 사라질 때, 스폰서십의 가치 역시 잃게 된다.[78] 기업이 앰부시 마케팅을 당할 경우, 스폰서십의 독점율 역시도 잃고 마는 것이다. 그러므로 스폰서십의 가치는 사라지는 것이다. 스폰서십이 가치를 잃을 때 행사주최측은 경제적 기반을 잃어버리게 된다. 앰부시 마케팅에 대응한 가장 중요한 논쟁은 스폰서십의 가치가 낮아짐으로 행사의 경제적 생명력을 위태롭게 하는 것이다.[79]

스폰서십의 가치가 올라가는 만큼 투자가치 역시 높아진다. 만약 행사를 후원함에도 불구하고 독점의 기회를 얻지 못한다면, 후원자들은 스폰서십에 대한 흥미를 잃을 것이다. 이것에 대한 피해는 전체 스폰서십 시장에 번지게 된다.[80] 최근의 조사에 따르면, 스포츠 스폰서십에 대한 결정을 내릴 때 이점을 감안한다고 한다. 즉 앰부시 마케팅을 위협으로 느끼고, 이것에 종종 당하는 행사는 꺼리게 된다는 것이다.[81]

앰부시 마케팅은 지적 소유권의 측면에서 볼 때, 앰부시 마케팅은 행사관련 지적 소유권에 명백히 위배된다. 앰부시 마케팅이 지적 소유권에 직접 연관이 없다고 할지라도 이는 여전히 위반이다. 올림픽이라는 브랜드의 평판을 그 예로 들 수 있다. 올림픽과 같이 많은 세월을 거쳐 평판을 축적하기 위해 노력한 결과를 두고, 아무런 허가 없이 이득을 남기려고 하는 것이다. 직접적이든 간접적이든 간에 올림픽 심볼이나 올림픽 자체에 연관하려는 시도는 행사 주최 측의 권리에 대한 위반행위이다. 앰부시 마케팅의 행태는 다른 소유권 위반과 마찬가지로 심각하게 받아들여져야 한다. 교묘한 방법으로 자신의 상품을 행사에 연관짓는 시도가 법망을 피해가게 해서는 안된다.

이러한 도덕문제는 앰부시 마케팅에 연루된 기업에 기업의 사회적 책임에 관한 문제 역시 불러 일으킨다.[82] 이 이슈는 앰부시 마케팅과 상상력이 풍부한 마케팅 사이의 차이점을 찾을 때 제기된다. 그러나 이것이 앰부시 마케팅인가 하는 것은 합법 후원자, 행사 주관, 혹은 소비자의 반응을 보면 알 수 있다.[83] 합법후원자와 행사 주최측에게 비후원자가 끼어드는 것은 명백히 비도덕적인 행위이며, 행사의 통일성과 장래에 큰 타격을 준다. 앰부시 마케팅은 합법 후원자에게는 홍보에 큰 타격을 주고, 행사 주관측에는 고액 후원자를 모집하는데 어려움을 주어, 결국 행사 기금 마련에 큰 타격을 준다고 주장한다.[84]

이러한 도덕적인 문제는, 앰부시 마케팅에 연관이 되어있는 기업의 사회적 책임과 관련되어 있다.

기업의 사회적 책임은 사회와 회사가 맺고 있는 함축적인 사회적 책임을 의미한다. 이것은 회사들로 하여금 사회의 필요와 요구를 지키도록 하는 것이다. 회사가 사회에 미치는 긍정적인 측면은 극대화시키고 부정적인 면은 최소화시키는 것이다.[85]

쉽게 말하자면, 기업의 사회적 책임은 고용자, 소비자와 크게는 사회를 포함한 다양한 주주들에게서 어떻게 처신하느냐는 것이다.[86] 기업의 사회적 책임은 대체적으로 경제, 법, 도덕과 자선의 책임을 포괄한다.[87] 앰부시 마케팅의 문제는 회사의 도덕적 책임과 연관이 있다. 만약 개인이나 사회 그리고 단체에 실질적으로나 잠재적으로 손해를 미친다면, 이는 기업의 도덕적 책임인 것이다. 앰부시 마케팅 광고는 후원을 받는 행사와 마치 관련이 있는 듯한 인상을 심어 소비자를 오도하는 마케팅 수법이다. 이런 소비자를 오도하는' 부분이 소비자와 크게는 사회에 도덕적 책임을 지게 한다. 게다가, 앰부시 마케팅에 빈번히 당하는 행사들은 스폰서쉽 가치에 지대한 손상을 입는다. 과거의 조사에 따르면, 자주 당하는 행사는 회사로 하여금 스폰서십 투자를 단념하게 만든다. 이것은 행사의 존재마저 위태롭게 하는 것이다. 또한 행사에 많은 투자를 한 공식 후원사에 막대한 경제적 손상을 입힌다.

기업 사회적 책임에 따라, 이 문제와 관련된 도덕적 문제가 회사들로 하여금 앰부시 마케팅을 포기하게 할 수 있다.[88] 박애정신이 없는 회사라도 최소한의 도덕성은 있어야 한다.[89] 반면, 앰부시 마케터들과 지지자들은 이런 주장에 반박한다. 앰부시 마케팅은 공평한 게임이며, 현재는 오픈마켓이기에 스폰서십의 홍보와 브랜드를 대중들이 원하는 대로 보이게 하는 것은 공식 후원자들의 몫이라고 했다.[90] 앰부시 마케팅의 장시자인 마케팅 전문가 Jerry Wesh도 이 의견에 동의했다.[91] 많은 경우에 스폰서십의 가격이 터무니없고, 앰부시 마케팅은 이런 가격을 지불하고 독점권을 살 수 없는 회사들의 광고 방법이라 했다.[92] 그러나 이런 주장을 연구해보면, 이것은 스포츠 스폰서십 패키지와 지적 소유권에 정면으로 대항하는 것이다. 이것은 카피레프트 운동가들과 동일한 주장이다. 대부분의 음악 파일럿과 소프트 웨어 파일럿들은 CD원본과 소프크 웨어의 높은 가격이 파일럿의 원인이라고 주장한다. 그러나 현재 세계에서는 지식이 그 어떤 재산보다 값비싼 것이다. 우리는 이것을 보호할 책임이 있다. 따라서 높은 가격이 독점권리 실패의 원인이라고 하는 주장은 성립될 수 없다.

앰부시 마케팅을 지지하는 이는 이것이 자유시장체제에 긍정적인 영향을 준다고 주장한다.[93] 그들에 의하면, 앰부시 마케터가 회사를 위해 비용을 절감하는 방법으로 홍보에 참가할 동안, 후원자들은 진정한 스폰서쉽의 범위를 과시하게 되어 실제로 스폰서쉽의 시장가치를 확대한다고 한다.[94] 또 다른 앰부시 마케터들의 주장은 앰부시 마케팅이 언론의 자유를 행사한다는 것이다. 이들은 월드컵, 올림픽, 게임, 패션위크 등의 단어는 대중의 영역이기 때문에, 이런 단어들은 자유롭게 사용될 수 있다고 주장했다. FIFA 월드컵 2006 당시, FIFA가 앰부시 마케팅에 보여준 강한 대응책으로 인해, 유럽 학자들은 이 주장에 동의를 했다. 이들에 의하면, 자신이 원하는 광고를 차나 모자에 붙일 권리가 있다고 한다. 그들은 자신이 단지 공식 후원자의 경쟁사라는 이유로 음료수나 SNACK을 규제하는 것이 헌법에 위배되는 것이라고 했다.[95] 광고는 헌법으로 보호받을 수 있는 것이기 때문에, 피고인들은 자주 헌법에 호소한다.[96] 그러나 그런 보호들이 행사와 거짓연관을 짓는 광고도 포함이 되는 지는 불분명하다. 이런 언론의 자유와 기본적 권리 보호가 앰부시 마케팅 대응에 어떻게 작용하는 지는 제5장에서 논의하도록 하겠다.

앰부시 마케팅을 지지하든 간에 반대하든 간에, 최근 연구에 의해 밝혀진 소비자들의 반응과 법적인 문제에 관한 주장들을 듣는 것은 꽤 재미있다.[97]

DATA에 의하면, 대부분의 소비자들은 앰부시 마케팅에 무관심한 것으로 알려져 있다. 어떤 종류의 앰부시 마케팅인가에 따라 대중의 반응은 상이했다.[98] 소비자들은 공식 스폰서 십을 암시하는 홍보와 TV광고가 앰부시 마케팅인 것을 인정하지만, 그것이 부정적인 오해를 사거나, 비도덕적이고, 불법이라고 생각하진 않는다. 그와 동시에, 다른 연구결과에 따르면, 소비자들은 오륜의 독점성에 대해서 잘 알고 있었고, 올림픽 관련 LOGO 에 대한 반응은 민감했다.

또한 연구 결과는 성이나 나이에 따라 차이를 보였다.[99] 이 결과에 따르면, 관중 속에 여성이 얼마나 있느냐에 따라 앰부시 마케팅의 결과는 달라졌다. 여성들이 앰부시 마케팅의 부정직한 면에 더욱 민감했다.[100] 연령에 따라서도 결과가 달랐다. 젊은층인 18세부터 39세 까지는 앰부시 마케팅을 부정직하고 대중을 오도하고, 비도덕적으로 보는 반면, 40세 이상은 그런 의견이 적었다. 이 연구는 앰부시 마케팅의 효과에 더 많은 관심을 기울여야 함을 명확히 보여주었다.

그러나 이러한 논쟁은 결코 끝이 없어 보인다. 세계적으로 일어나고 있는 각종 앰부시 마케팅에 대해 분명한 사실은 그것이 끊임없이 스포츠 주관자들과 스폰서들에게 성가신 존재가 된다는 것이다.

NOTES

1. 자세한 내용은, Cristina Garrigues의 『*Ambush Marketing: Robbery or Smart Advertising*(앰부시 마케팅: 도적질인가 스마트한 광고인가)』 참고.(EIPR 2002, 24(11), 505-7, 505)
2. Jacqueline A. Leimer의 『*Ambush Marketing: Not Just an Olympic-Sized Problem*(앰부시 마케팅: 단순한 올림픽 규격의 문제가 아니다)』 참고.(2(4), Intell. Prop. Strategist 1, 3, 1996)
3. 〈http://www.macmillandictionary.com/New-Words/050815-Ambush-marketing.htm〉 참고
4. 자세한 내용은, 국제 올림픽 위원회의 공식 웹사이트 〈http://www.olympic.org/uk/organisation/index_uk.asp〉 참고
5. 기업 스폰서는 올림픽에서 최고 수준의 기업 스폰서쉽을 획득하기 위하여 약 4천만 달러를 지불해야 한다. Steve McKelvey 와 John Grady의 『*An Analysis of the Ongoing Global Efforts to Combat Ambush Marketing: Will Corporate Marketers "Take" The Gold In Greece?*(앰부시 마케팅을 방지하기 위한 진행중인 국제적인 노력 분석: 기업의 마케터들은 그리스에서 황금을 취할 것인가?)』, 191쪽(14 J. Legal Aspects Sports)과 〈http://www.brandchannel.com/features_effect.asp?pf_id=98〉에서 Abram Sauer의 『*Ambush Marketing: Steals the Show*(앰부시 마케팅: 쇼를 빼앗다)』 참고.
6. 〈http://fifaworldcup.yahoo.com/06/en/partners.html〉 참고. 열 다섯의 공식 파트너 중 열 둘이 2002년 월드컵부터 FIFA와 스폰서십을 유지하고 있다는 점은 매우 흥미롭다. 열 둘의 스폰서 각각은 4년 연장 기간 동안 약 3천에서 4천만 파운드를 지불했다. 〈http://www.tmcnet.com/usubmit/2006/03/31/1524884.htm〉 참고.
7. 위와 동일한 사이트 참고.
8. 스포츠 행사가 보다 높은 브랜드 인지도가 있음을 드러냈다. 그 예로, 올림픽의

상징인 다섯 개의 서로 맞물려 있는 고리는 93퍼센트의 브랜드 인지도를 가지고 있음을 연구는 밝혔다. Jason K. Schmitz의 『*Ambush Marketing: The Off-Field Competition at the Olympic Games*(앰부시 마케팅: 올림픽 경기에서 오프필드 경쟁』 참고. 스포츠 행사의 이러한 높은 브랜드 인지도는 앰부시 마케터들의 가장 좋아하는 곳인 하나의 이유이다.

9. J. Thomas McCarthy의 『*McCarthy on Trademarks and Unfair Competition*』 4판 참고.
10. 위와 동일한 책 참고.
11. 〈http://www.adfocus.co.za/adfocus2003/b8.htm〉에 수록된 Jamie Carr의 『*Get real: Sport Costs*』 참고.
12. Jason K. Schmitz의 『*Ambush Marketing: The Off-Field Competition at the Olympic Games*(앰부시 마케팅: 올림픽 경기에서 오프필드 경쟁』 5쪽 참고.
13. Lori L. Bean의 『*Ambush Marketing: Sports Sponsorship Confusion and the Lanham Act*(앰부시 마케팅: 스포츠 스폰서십 혼란과 랜햄 법)』 참고(75 BUL Rev. 1099, 1100, 2005)).
14. Carolina Pina와 Ana Gil-Roble의 『*Sponsorship of Sports Events and Ambush Marketing*(스포츠행사의 스폰서십과 앰부시 마케팅)』 93-6쪽 참고(EIPR 2005, 27(3)).
15. 〈http://www.macmillandictionary.com/Ney-Words/050815-Ambush-marketing.htm〉 참고.
16. 자세한 내용은 〈http://www.poolonline.com/bios.biojwelsh.html〉에서 Jerry Welsh의 글을 참고.
17. 앰부시 마케팅에 대한 Jerry Welsh의 견해를 더 알고자 한다면, 〈http://www.poolonline.com/archive.issue19/iss19fea5.html〉에서 Jerry Welsh의 『*Ambush Marketing: What it is, What it isn't*(앰부시 마케팅: 앰부시 마케팅은 무엇이며, 무엇이 아닌가)』 참고.
18. 자세한 내용은 Michael A. Lisi의 『*Ambush Marketing: Here to Stay?*(앰부시 마케팅: 여기에 있어야 하는가?』 참고(12(1) Intell. Prop. Strategist 3, 2005).
19. 이와 같은 견해에 대한 자세한 내용은 Cristina Garrigues의 『*Ambush Marketing: Robbery or Smart Advertising*(앰부시 마케팅: 도둑질인가 현명한 광고인가)』 505쪽 참고.
20. 예를 들어, 220개의 나라의 약 400억 명이 생방송으로 2004년 아테네 올림픽을 보았다. Andrew Moss의 『*The Olympics: A Celebration of Sport and the Role of Law*(올림픽: 스포츠 기념행사와 법의 역할)』 237-42쪽 참고(Ent. LP 2004, 15(8)).

비록 모든 저자가 국제적인 스포츠 스폰서십이 수십억 달러 가치의 사업임에 동의했지만, 스폰서십에 정확히 얼마가 쓰여졌는지 알기란 매우 어렵다. 자료는 산발적이다. Anne M. Wall에 따르면, 1995년 스포츠 스폰서십에 사용된 전체 지출은 100억 달러였다. Anne M. Wall의 『*Sports Marketing and the Law: Protecting Proprietary Interests in Sports Entertainment Events*(스포츠 마케팅과 법: 스포츠 엔터테인먼트 행사에서 전매 이익 보호하기)』 86쪽 참고하라. 이 금액은 2005년에 265억 달러로 상승할 것으로 예상된다. Anita M. Moorman과 T. Christopher Greenwell의 『*Consumer Attitudes of Deception and the Legality of Ambush Marketing Practices*(기만의 소비자태도와 앰부시 마케팅 사례의 적법성)』 참고하라(15 J, Legal Aspects Sports 183, 2005). 국제 올림픽 위원회의 공식 웹사이트에서 이용 가능한 자료에 의하면, 2001년과 2004년 사이 오직 스폰서십으로부터 얻은 수익은 14억 5천 9백만 달러이다. 이는 조직의 총 수입의 약 34퍼센트에 이르는 것이다(〈http://www.olympic.org/uk/organisation/facts/introduction/index_uk.asp〉 참고). Economist지에 의하면, 2006 FIFA 월드컵을 위한 전체 스폰서십은 약 7억 달러에 이른다. 이는 『*The Economist*』에 수록된 'War Minus Shooting(총격 없는 전쟁)' 참고(2006년 2월 16일).

21. Anita M. Moorman과 T. Christopher Greenwell의 『*Consumer Attitudes of Deception and the Legality of Ambush Marketing Practices*(기만의 소비자태도와 앰부시 마케팅 사례의 적법성)』 183쪽 참고. 그러나 일부 다른 작가들은 스포츠 스폰서십이 스폰서십 총 지출의 85퍼센트까지 차지한다고 여긴다. 그 예는 다음과 같다: 〈http://www.tmcnet.com/usubmit/2006/03/31/1524884.htm〉

22. Christina Garrigue의 『*Ambush Marketing: Robbery or Smart Advertising*(앰부시 마케팅: 도둑질인가 현명한 광고인가)』 505쪽 참고.

23. Stephen M. Mckelvey의 『*Atlanta '96: Olympic Countdown to Ambush Armageddon?*(1996년 애틀란타 올림픽: 아마겟돈을 매복하기 위한 올림픽 카운트다운?)』 참고(4 Seton Hall J. Sport L. 397, 403-4, 1994).

24. 앰부시 마케팅이라는 용어를 만들어 낸 Jerry Welsh는 아메리칸 익스프레스사에서 글로벌 마케팅 매니저로 일했다는 것을 기억하는 것이 좋다.

25. Michael A. Lisi의 『*Ambush Marketing: Here to Stay?*(앰부시 마케팅: 여기에 있어야 하는가?』 참고.

26. Lori L. Bean의 『*Ambush Marketing: Sports Sponsorship Confusion and the Lanham Act*(앰부시 마케팅: 스포츠 스폰서십 혼란과 랜햄 법)』 1,104쪽 참고.

27. 위와 동일한 페이지 참고.

28. Steve McKelvey와 John Grady의 『*An Analysis of the Ongoing Global Efforts to Combat*

Ambush Marketing: Will Corporate Marketers "Take" The Gold In Greece?(앰부시 마케팅을 방지하기 위한 진행중인 국제적인 노력 분석: 기업의 마케터들은 그리스에서 황금을 취할 것인가?』 192-3쪽 참고.

29. Nabisco는 기밀금액에 대한 사건을 해결하고 해당 광고 캠페인을 중단하였다. 위와 동일한 책 206-7쪽 참고.

30. 코카콜라사는 이 경기에서 공식적인 스폰서십을 획득하기 위해서 250만 달러를 지불했다. Carolina Pina와 Ana Gil-Roble의 『*Sponsorship of Sports Events and Ambush Marketing*(스포츠행사의 스폰서십과 앰부시 마케팅)』 94쪽 참고.

31. Jacqueline A. Leimer의 『*Ambush Marketing: Not Just an Olympic-Sized Problem*(앰부시 마케팅: 단순한 올림픽 규격의 문제가 아니다)』 3쪽 참고.

32. 이는 코카콜라가 1992년 올림픽의 공식 후원자가 되기 위해 3천 3백만 달러를 지불했다는 사실을 고려하여 읽혀져야 한다. Lori L. Bean의 『*Ambush Marketing: Sports Sponsorship Confusion and the Lanham Act*(앰부시 마케팅: 스포츠 스폰서십 혼란과 랜햄 법)』 1,105쪽 참고.

33. Steve McKelvey와 John Grady의 『*An Analysis of the Ongoing Global Efforts to Combat Ambush Marketing: Will Corporate Marketers "Take" The Gold In Greece?*(앰부시 마케팅을 방지하기 위한 진행중인 국제적인 노력 분석: 기업의 마케터들은 그리스에서 황금을 취할 것인가?』 207쪽 참고.

34. Cristina Garrigues의 『*Ambush Marketing: Robbery or Smart Advertising*(앰부시 마케팅: 도적질인가 스마트한 광고인가)』 505쪽 참고.

35. 위와 동일한 책 506쪽 참고.

36. 이 새로운 동향의 법률적인 면을 자세히 알고자 하고 특히 수정헌법 제1조의 권리와 관련된 문제에 대해 알고자 한다면, 『*Commercial "Branding": The Final Frontier or False Start for Athletes' Use of Temporary Tattoos as Body Billboards*(상업적인 브랜드화: 선수들이 바디 빌보드(신체 광고)로써 일시적인 문신을 사용하는 것은 최후의 개척이나 부정출발이다.)』 참고(13 J. Legal Aspects Sport 1, 2003). 또한 John Vukelj의 『*Post No Bills: Can the NBA Prohibit its Players from Wearing Tattoo Advertisements?*(법안을 발표하지 마라: NBA는 선수들로 하여금 문신 광고를 하는 것을 금지할 수 있는가?』 507-46쪽 참고(155 Fordham Intell. Prop. Media and Ent. LJ, 2005).

    이는 많은 선수들이 문신 고치기에 중독되어 있기 때문에 훨씬 더 복잡한 문제이다. 예를 들어 유명한 축구 스타 David Beckham은 문신 고칠 때의 고통에 중독되어 있음은 널리 알려져 있다. 그의 몸에는 이미 12개의 문신이 있다. 『*The Deccan Chronicle*』에 수록된 'Beckham Addicted to the Pain of Tattos(문신의 고통에 중독된 베컴)' 20쪽 참고(Hyderabad: 2006년 4월 4일).

37. 자세한 내용은 Stephen M. McKelvey의 『*Commercial "Branding": The Final Frontier or False Start for Athletes' Use of Temporary Tattoos as Body Billboards*(상업적인 브랜드화: 선수들이 바디 빌보드(신체 광고)로써 일시적인 문신을 사용하는 것은 최후의 개척이나 부정출발이다.)』 4쪽 참고.

38. Michael A. Lisi의 『*Ambush Marketing: Here to Stay?*(앰부시 마케팅: 여기에 있어야 하는가?)』 3쪽 참고.

39. Jacqueline A. Leimer의 『*Ambush Marketing: Not Just an Olympic-Sized Problem*(앰부시 마케팅: 단순한 올림픽 규격의 문제가 아니다)』 3쪽 참고.

40. Lori L. Bean의 『*Ambush Marketing: Sports Sponsorship Confusion and the Lanham Act*(앰부시 마케팅: 스포츠 스폰서십 혼란과 랜햄 법)』 1,105 참고.

41. 이 방식을 채택하면서, 기업들은 일반적으로 행사를 지칭하는 것을 볼 수 있으며, 보통 대회 뉴스 시 행사의 등록된 명칭을 사용하는 것을 피했다. 많은 경우, 기업들은 소송으로부터 자신을 보호하기 위해 '~회사의 지지나 후원을 받지 않음' 같은 권리포기각서를 사용하는 것을 볼 수 있다. 법원은 일반적으로 이러한 권리포기각서의 사용을 선호했고, 이 점에 있어서의 가장 좋은 예 중 하나는 National Football League 대 Governor of Delaware 간의 판례다(435 F. Supp 1372, 1977). 이 사건에서, 델라웨어 주 복권은 주간 프로 미식축구 경기에서 승리할 팀을 참가자가 추측하여 복권을 살 수 있는 미식축구 복권 경기를 시작하였다. 각 복권의 뒷면에는 '스코어보드 복권'은 오직 델라웨어 주 복권에 의해서만 후원된다고 적혀 있었다. 앰부시 마케팅의 시도로써 이 문제가 법원에 제기되었을 때, 법원은 복권이 National Football League 서비스 마크를 제공하는 서비스를 식별하지 못하게 하기 위해 사용한 것이 아니라 게임을 설명하기 위하여 사용했다는 견해를 취했다. 이 사건과 권리포기각서 사용의 영향에 대한 자세한 내용은 다음 장에 다룬다.

42. ICC Development(International) Ltd. 대 Arvee Enterprises and Anr 간의 판례 참고(2003, (26) PTC 245 (Del)).

43. ICC Development(International) Ltd. 대 Ever Green Service Station and Anr 간의 판례 참고(2003, (26) PTC 228 (Del)).

44. 이 사건에서 원고는 승리하지 못했다. 패소 결론을 내릴 때 법원의 이유는 다음 장에서 자세히 분석된다.

45. 흥미롭게도 이 사건에서 원고는 앰부시마케팅 주장에서도 패소한다. 이 결정에 대한 자세한 분석 또한 다음 장에서 다루어진다.

46. 자세한 내용은 Steve McKelvey와 John Grady의 『*Ambush Marketing: The Legal Battleground For Sport Martketers*(앰부시 마케팅: 스포츠 마케터를 위한 합법적 전장)』 참고(21-WTR Ent. And Sports Law 8(2004)).

47. FIFA가 2006년 월드컵과 관련된 65개국에서 약 1200개의 위반 사건을 제기했음은 매우 흥미롭다. 『*The Economist*』에 수록된 'War Minus Shooting(총격 없는 전쟁)' 참고(2006년 2월 16일).

48. NHL 대 유한회사 펩시콜라 캐나다 간의 사례 참고(CarswellBC 15, 1995).

49. 위와 동일한 사례 참고. 이 사례에 대한 자세한 분석은 다음 장 참고.

50. Stephen M. Mckelvey의 『*Atlanta '96: Olympic Countdown to Ambush Armageddon?*(1996년 애틀란타 올림픽: 아마겟돈을 매복하기 위한 올림픽 카운트다운?)』 408쪽 참고.

51. Michael A. Lisi의 『*Ambush Marketing: Here to Stay?*(앰부시 마케팅: 여기에 있어야 하는가?』 3쪽 참고.

52. 위와 동일한 페이지 참고.

53. Cristina Garrigues의 『*Ambush Marketing: Robbery or Smart Advertising*(앰부시 마케팅: 도적질인가 스마트한 광고인가)』 505쪽 참고.

54. 자세한 내용은, Steve McKelvey와 John Grady의 『*An Analysis of the Ongoing Global Efforts to Combat Ambush Marketing: Will Corporate Marketers "Take" The Gold In Greece?*(앰부시 마케팅을 방지하기 위한 진행중인 국제적인 노력 분석: 기업의 마케터들은 그리스에서 황금을 취할 것인가?』 205-6쪽 참고.

55. Abram Sauer의 『*Ambush Marketing: Steals the Show*(앰부시 마케팅: 쇼를 빼앗다)』 참고.

56. Michael A. Lisi의 『*Ambush Marketing: Here to Stay?*(앰부시 마케팅: 여기에 있어야 하는가?』 3쪽 참고.

57. 이에 대한 자세한 내용은, Cristina Garrigues의 『A*mbush Marketing: Robbery or Smart Advertising*(앰부시 마케팅: 도적질인가 스마트한 광고인가) 506쪽 참고.

58. Michael A. Lisi의 『*Ambush Marketing: Here to Stay?*(앰부시 마케팅: 여기에 있어야 하는가?』 3쪽 참고.

59. 이 사건에 대한 자세한 내용은, Lori L. Bean의 『*Ambush Marketing: Sports Sponsorship Confusion and the Lanham Act*(앰부시 마케팅: 스포츠 스폰서십 혼란과 랜햄 법)』 1,104-5 참고.

60. USOC(미국올림픽위원회)는 법원에서 다가오는 경기에 대한 언급이 소비자를 오도하고 속이기 위한 것이라는 주장했다. Steve McKelvey 와 John Grady의 『*An*

Analysis of the Ongoing Global Efforts to Combat Ambush Marketing: Will Corporate Marketers "Take" The Gold In Greece?(앰부시 마케팅을 방지하기 위한 진행중인 국제적인 노력 분석: 기업의 마케터들은 그리스에서 황금을 취할 것인가?』 207쪽 참고.

61. 미국 올림픽 위원회 대 Intelicense사와 다른 기업들의 판례 참고(737 F.2d 263 (1984)).

62. 자세한 내용은 Erinn M. Batcha의 『*Who are the Real Competitors in the Olympic Games? Dual Olympic Battles: Trademark Infringements and Ambush Marketing Harm Corporate Sponsors-Violations Against The USOC and its Corporate Sponsors*(올림픽 게임에서 누가 진정한 경쟁자인가? 이중 올림픽 전쟁: 상표권 위반과 앰부시 마케팅은 기업스폰서에 해를입히는가? -미국올림픽위원회(USOC)와 USOC의 기업 스폰서에 대한 위배)』 참고(8. Seton Hall J. Sport L. 229, 254, 1998).

63. 뉴질랜드 올림픽과 연방경기대회협회 대 통신사 뉴질랜드 리미티드사 간의 판례 참고(FSR 757, New Zealand HC, 1996).

64. Mastercard International사 대 Sprint Communications사의 판례 참고(WL 97097, SDNY, 1994).

65. 위와 동일한 판례 참고. 이 사건에서, 법원이 본 주요 문제는 Mastercard 사가 Sprint사가 월드컵 홍보와 관련하여 발급하였고 발급할 계획이었던 지불카드에 월드컵 마크를 사용하지 못하게 할 수 있는 월드컵 마크에 대한 독점적인 사용권을 부여 받았는가 하는 점이다. 이 사건에서 법원은 Sprint사가 전화 카드에 월드컵 마크를 사용하는 것이 사람들에게 '월드컵 조직에 의해 공식적으로 허가된 것이다' 라는 잘못된 인식을 전할 수 있음을 언급했다. Mastercard사가 지불 서비스에 대한 마크 사용에 있어 독점적인 권리를 가지고 있었기 때문에, 법원은 Sprint 사가 그들의 서비스에 대한 지불과 관련하여 발급한 어떠한 카드에 월드컵 마크를 사용하는 것을 금하였으며, Matercard에게 부여된 독점적인 권리와 충돌하지 말라고 명하였다.

66. Steve McKelvey와 John Grady의 『*An Analysis of the Ongoing Global Efforts to Combat Ambush Marketing: Will Corporate Marketers "Take" The Gold In Greece?*(앰부시 마케팅을 방지하기 위한 진행중인 국제적인 노력 분석: 기업의 마케터들은 그리스에서 황금을 취할 것인가?』 205쪽 참고.

67. 위와 동일한 페이지 참고.

68. 위와 동일한 책 206쪽 참고.

69. 예를 들어 〈http://www.onpoint-marketing.com/beverage-marketing.htm〉 참고. 이와 같이 앰부시 마케팅 서비스를 제공하는 몇몇 광고회사가 있다.

70. 〈http://www.abc.net.au/goldcoast/stories/s1593547.htm〉 참고.

71. www.ioc.org 내용의 예를 살펴보면, 올림픽 위원회는 공공을 교육하려 노력하고 대중에게 정보를 제공한다. 국제 올림픽 위원회의 저작권을 위반하지 않고 정보를 계속 전파하는 것은 디지털 세상에서는 정말 어려운 일이다. 이 문제에 대한 자세한 내용은 Scott A. Bearby의 『*Marketing, Protection and Enforcement of NCAA Marks*(마케팅, 보호, NCAA 마크의 시행)』 554-5쪽 참고(12 Marq. Sports L. Rev. 543). 이 기사에서, 저자는 NCAA 마크에 대한 문제를 논한다.

72. 위와 동일한 책 554쪽 참고.

73. Geoffrey D. Wilson의 『*Internet Pop-Up Ads: Your Days Are Numbered! The supreme Court of California Announces a Workable Standard for Trespass to Chattels in Electronic Communications*(인터넷 팝업 광고: 당신의 삶은 번호가 매겨져 있습니다! 캘리포니아 주 대법원은 전자통신 상의 재산 침해에 대한 표준을 공고하다)』 참고(24 Loy. LA Ent. L. Rev. 567, 569 (2004)).

74. Kristen M. BeyStehner의 『*See Ya Later, Gator: Assessing Whether Placing Pop-Up Advertisements on Another Company's Website Violates Trademark Law*(나중에 보자, 게이터: 다른 회사의 웹싸이트에 팝업 광고를 넣는 것이 상표권법을 침해하는 것인가에 대한 평가)』 참고(11 J. Intell. Prop. K. 87, 87(2003)).

75. 위와 동일한 페이지 참고.

76. 대부분의 사법권에서, 온라인 광고는 사이버 공간의 광고 관행을 규제하기 위한 어떤 특정한 법률에 의해 좌우되지 않는다. 이러한 상황은 종종 다양한 사법적 의견을 낳는다. Washingtonpost. Newsweek Interactive Company 대 Gator Corporation 간의 판례(2002 WL 31356645)에서, 일부 출판사는 피고 Gator Corporation의 팝업 광고 기법이 본질적으로 기만적인 것이며, 이용자로 하여금 Gator 사에 의해 만들어진 팝업광고가 근원적인 웹사이트에서 비롯되었으며 허용된 광고라고 잘못 믿도록 한다고 법원에 주장했다. 2002년 7월에, 버지니아 동부 지역의 미국 지방 법원은 출판사의 지적 재산을 위배할 가능성이 있는 팝업광고와 관련된 모든 행위를 Gator사가 하지 못하게 하는 출판사의 처분금지가처분 발의에 동의했다. 그러나 2003년 초 재판이 시작되려고 할 때, 당사자들은 합의했다. 하지만, 훨씬 최근 사건인 1-800 Contacts Inc. 대 Whenu.Com Inc 간의 판례(414 F.3d 400, 2005)에서 우리는 상소법원이 팝업광고자를 지지하는 것을 볼 수 있다.

77. 이에 대한 자세한 내용은 Cristina Garrigues의 『*Ambush Marketing: Robbery or Smart Advertising*(앰부시 마케팅: 도적질인가 스마트한 광고인가)』 505쪽 참고.

78. 위와 동일한 페이지 참고.

79. Lori L. Bean의 『*Ambush Marketing: Sports Sponsorship Confusion and the Lanham Act*(앰부시 마케팅: 스포츠 스폰서십 혼란과 랜햄 법)』 1,100-1 참고.

80. 위와 동일한 책 1,100 쪽 참고.

81. 자세한 내용은 Steve McKelvey와 John Grady의 『*Ambush Marketing: The Legal Battleground For Sport Martketers*(앰부시 마케팅: 스포츠 마케터를 위한 합법적 전장)』 13쪽 참고.

82. 이 도덕적 이슈에 대한 자세한 내용은 Cristina Garrigues의 『A*mbush Marketing: Robbery or Smart Advertising*(앰부시 마케팅: 도적질인가 스마트한 광고인가)』 507쪽 참고.

83. 위와 동일한 페이지 참고.

84. 위와 동일한 페이지 참고.

85. '사회계약'이라는 용어는 여기에서 로크와 같은 철학자들에 의해 논의되었던 시만과 정부 사이의 사회계약의 뜻과 유사하게 사용되었다. CSR과 관련된 자세한 내용, 특히 CSR의 역사적 맥락에 대한 내용을 알고자 한다면, 온라인 〈http://faculty.stonehill.edu/glantos/Lantos1/PDF_Folder/Pub_arts_pdf/strategic%20CSR.pdf〉에서 이용가능 한 Geoffrey P. Lantos의 『*The Boundaries of Strategic Corporate Social Responsibility*(전략적 기업의 사회적 책임의 경계)』 참고.

86. 이 일반적인 정의의 비판적인 견해를 알고자 한다면 『*The Economist*』에 수록된 'The Good Company(좋은 기업)' 참고(2005년 1월 20일).

87. 경제적 책임이라는 용어는 고객에게 적당한 가격에 좋은 품질의 제품을 제공하는 것을 포함하며, 법적 책임은 상업행위를 규제하는 모든 법을 준수하는 것을 포함하는 것이다. 윤리적 책임은 옳은 것, 정당한 것, 공정한 것을 하는 것, 인간의 도덕적 권리를 존중하는 것, 다른 사람에 의해 유발된 피해를 방지하는 것 뿐 아니라 피해나 사회적 손상을 피하는 것도 포함하는 용어다. 자선의 책임은 시간과 돈을 자원봉사, 자원봉사 협회 그리고 기부금의 형태로 주는 것을 말한다. 자세한 내용은, Geoffrey P. Lantos의 『*The Boundaries of Strategic Corporate Social Responsibility*(전략적 기업의 사회적 책임의 경계)』 3-5쪽 참고.

88. 많은 기업에게 CSR은 기업의 활동에 시행되지 않는 연차 보고서 속의 색깔과 화려한 무엇인가로 남아 있단 사실은 슬픈 현실이다.

89. 자선의 책임은 심지어 공공 행사를 소식하는 것을 위한 기부금을 포함할 수 있다. 그러나 CSR의 일반적인 4개의 영역 중, 자선의 책임은 가장 논란이 있는 영역이다. 자선행위는 주주의 존으로 행해져서는 안되고, 기업을 경영하는 자들의 의무는 다른 사람의 주머니로의 돈을 주는 것이 아니라, 주주의 이익을 증진 시키는

것뿐이라고 말하는 작가 무리가 있기도 하다. 그들은 기업과 정부의 기능과 목적이 다르기 때문에 기업은 정부의 책임을 대신할 수도 없고 해서도 안 된다는 주장을 하면서 이러한 견해를 확립하려고 한다. 이 문제에 초점을 맞춘 일련을 기사를 보고자 한다면, 『*The Economist*』 2005년 1월 20일 호를 참고.

90. Cristina Garrigues의 『*Ambush Marketing: Robbery or Smart Advertising*(앰부시 마케팅: 도적질인가 스마트한 광고인가)』 507쪽 참고.

91. Jerry Welsh의 『*Ambush Marketing: What it is, What it isn't*(앰부시 마케팅: 앰부시 마케팅은 무엇이며, 무엇이 아닌가)』 참고.

92. 이 주장에 대한 자세한 내용은 Robert N. Davis의 『*Ambushing the Olympic Games*(올림픽게임 매복하기)』 423-5쪽 참고(3 Vill. Sports and Ent. L.J., 1996).

93. 자세한 내용은 Jason K. Schmitz의 『*Ambush Marketing: The Off-Field Competition at the Olympic Games*(앰부시 마케팅: 올림픽 경기에서 오프필드 경쟁』 14쪽 참고.

94. 위와 동일한 페이지 참고.

95. 최근 사건의 대부분에서 우리는 행사 조직자가 공식 후원업체의 라이벌 기업의 제품을 경기장 내부에 반입하는 것을 허가하지 않음을 볼 수 있다. 예를 들어, 코카콜라가 행사의 공식 후원사인 곳에서는 펩시 콜라 병을 가지고 오는 사람들은 이 병을 경기장의 입구에서 버려야 할 것이다.

96. Lori L. Bean의 『*Ambush Marketing: Sports Sponsorship Confusion and the Lanham Act*(앰부시 마케팅: 스포츠 스폰서십 혼란과 랜햄 법)』 1,120 참고.

97. 이 연구는 미국 올림픽 팀을 포함하여 두 개의 행사에 참가한 관중에게 배포된 설문을 기반으로 한 것이다. 이 연구와 연구에서 사용된 방법론에 대한 자세한 내용은, Anita M. Moorman과 T. Christopher Greenwell의 『*Consumer Attitudes of Deception and the Legality of Ambush Marketing Practices*(기만의 소비자태도와 앰부시 마케팅 사례의 적법성)』 196-207쪽 참고.

98. 위와 동일한 책 203쪽 참고.

99. 위와 동일한 책 204쪽 참고.

100. 위와 동일한 페이지 참고.

101. 위와 동일한 페이지 참고.

AMBUSH Marketing

03

앰부시 마케팅과 전통적 법적 조치

상표법 위반조치

저작권위반 소송

패싱오프 조치

세계적으로 앰부시 마케팅 사례가 점점 증가하고 있지만, 법원까지 가는 경우는 매우 드물다. 이와 같은 현상의 가장 설득력 있는 이유는 대부분의 법률 체계에는 앰부시 마케팅에 대응하는 구체적인 규정이 없다는 것이다.[1] 이러한 특정법의 부재로 인해, 행사 주최측은 종종 상표법, 저작권, 패싱오프 등과 같은 전통적인 법에 의존해야 한다. 하지만 이 같은 고전적인 법이 복잡한 앰부시 마케팅에 얼마나 효과적으로 대항하는 지는 의심스럽다. 이 장에서는 각각의 이들 법 규정들이 앰부시 마케팅에 얼마나 유용한지를 점검하고자 한다.

상표법 위반조치

대부분의 경우, 행사 주최측은 행사에 관련된 로고나 상표들을 국가 상표 등록처에 등급별로 등록하는데, 이는 상표의 라이선스 발급을 용이하게 하기 위해서이다. 예를 들면, 2010 FIFA 월드컵에 대비해, FIFA는 전세계에 걸쳐 FIFA 월드컵 2010이나 2010 게임 등과 같은 상표를 등록하게 된다. 이러한 등록 발급 권한은 오로지 국가 상표 등록처만이 가진다.

앰부시 마케팅을 통해 행사 주최측의 허락 없이 등록된 상표를 사용할 경우, 행사 주최측은 상표법 위반을 이용하여 이러한 앰부시 마케터들을 막을 수 있다.

상표법 위반조치의 기초 구성요소

등록된 소유자나 허가된 사람이 아닌 다른 이가, 동일하거나 혹은 흡사한 상표를 거래에 사용하였을 때, 상표법에 위배된다.[2] 이를 자세히 분석해 보면, 사용된 상표 마크는 동일하거나 매우 흡사해야 하며, 상품이나 서비스는 등록법에 구체적으로 명시되어야 한다는 것을 알 수 있다. 또한, 문제의 거래는 등록법이 다루는 범위 내에서 이루어져야 하며, 문제의 상표는 원래 상표의 용도로서 사용되어야 한다는 점 그리고 피고는 반드시 사용이 허가되지 않은 사람이어야 함을 역시 알 수 있다.[3]

제품이나 포장에 상표를 부착한다면, 등록된 상표를 도용한 것으로 간주한다. 또한 등록상표를 부착한 제품이나 상표를 이용한 서비스를 판매, 보관의 용도로 제공하는 것 역시 등록 상표를 도용한 것으로 간주되며, 상표 이름하의 수출입, 사업서류나 광고에 이용된 상표 역시 마찬가지이다.[4]

같거나 유사한 마크가 유사 제품이나 서비스에 사용될 경우, 대중에 혼동을 주거나 원래 등록된 상표와 연관을 짓게 할 가능성이 있다면, 이는 위반이다.[5] 동일한 마크가 동일 제품이나 서비스에 사용될 경우에는 대중의 혼동을 초래할 것이 분명하기에, 굳이 혼동의 가능성을 증명하지 않아도 된다.[6] 이와 같은 상황에서, 상표법 위반 여부를 결정하는 지침서와도 같은 두 가지 사례가 있는데, Pianotist's Application[7]과 British Suger Plic 대 James Robertson[8]이 그것이다. Pianotist's Application에 의하면, 단어의 모양과 소리, 마크가 부착된 상품, 소비자의 성격, 주변 상황, 두 가지 마크를 동시에 사용한 결과 등이 주요 결정 요소이다.[9]

British Sugar 사례는 더 상세히 묘사하고 있는데, 그 상품의 유사 여부를 결정하는 중요한 요소로 제품의 개별적 사용, 제품의 물리적 성질, 각각의 유통경로 등을 꼽고 있다. 한편 슈퍼마켓에서는, 해당 물품들이 같은 선반에 놓여있는가, 홍보회사가 제품을 같게 또는 다르게 분류하는가의 여부가 중요 요소로 꼽힌다.[10]

인도 법정은 대체로 외관, 소리 또는 심지어 원고의 마크의 기본적인 사상 등 까지도 유사함을 결정짓는 요소로 본다.[11] 상표법 위반 관련 조항 분석과 관련된 판례법 등을 통해 볼 때, 특정 상황에서는 이러한 조항들이 앰부시 마케팅 방지에 성공적으로 사용될 수 있음을 알 수 있다. 예를 들어 ICC가 특정 상품과 서비스 분야에서 'Cricket World Cup'을 하나의 상표로 등록했다고 가정하자. 이때 만약 누군가가 동일한 상품이나 서비스 분야에서 그 마크를 사용한다면, ICC는 상표 위반에 근거하여 고소할 수 있다. 이 가정의 경우에서 위반 조치의 성립 여부는, ICC의 마크 등록, 피고의 동일하거나 유사한 마크 사용, ICC가 등록한 상품이나 서비스 부류와의 물품 일치 등의 여부에 따라 결정된다.

상표 위반 조치가 앰부시 마케팅에 얼마나 효과적인가를 보여주는 좋은 법정 사례로 Boston Athletic Association 대 Mark Sullivan이 있다.[12] 이 사례에서 보스턴 마라톤의 주최측은, 법정에 위반 마크가 부착된 티셔츠와 다른 의류의 제작과 판매를 금지할 것을 요청했다.[13] 이 사례는 상표 표 위반 조치가 앰부시 마케팅에 성공적으로 대응할 수 있음을 보여준 좋은 예이다.

유사하지 않은 제품과 서비스에 대한 상표 표 위반조치

만약 인도에서 명성이 있는 상표를 사용하여 불공정한 이득을 취하거나, 특정 캐릭터나 상표의 명성에 해가 가해졌을 경우, 정당한 근거가 없다면 상품이나 서비스의 분야가 다를지라도 상표법 위반이 성립된다.[14] 여기서 명성이 있는 상표란 유명 상표라고도 할 수 있다. Pfizer Ltd 대 Eurofood Link UK Ltd는 이런 상황에서 사용할 수 있는 적절한 법정 사례 중의 하나이다.[15] 이 사례에서 법원은, 문제의 상표가 일으키는 혼동은 전 세계적으로 평가되어야 할 문제이고, 그것은 상표의 특유성에 관련이 있어야 하며, 특유성이 클수록 혼동의 가능성 역시 커진다고 주장했다.[16] 법정에 의하면, 의미론적인 유사성만으로는 두 마크 사이의 연관성을 설명하기에 충분치 않으며, 이전의 상표를 연관시킬 수 있는 혼동이 위반조치에 필수적이다.[17] 이러한 상황에서, 제품간의 상이함은 위반조치에 방해가 되지 않는다.[18]

앰부시 마케팅 측면에서 이러한 원칙들을 적용할 때, ICC의 가상의 예를 들어 볼 수 있다. 만약 ICC Cricket World Cup이 인도에서 유명상표로서 인정받는다고 가정하면, ICC가 등록한 제품의 범주와 상관없이, 어떠한 상품이나 서비스에도 당사의 상표가 사용되는걸 막을 수 있다. 하지만 위반조치는, 인도에서 상표의 명성을 인정받고, 피고가 정당한 근거가 없이 해당 상표를 사용하여 부당이득을 취하거나 본 상표의 명성에 해가 되는 경우에만 비로소 효력이 발생한다. 이러한 상황에서, 행사 주최측은 위반행위가 ICC 특유의 캐릭터와 등록상표의 명성에 해를 입혔다는 점을 입증할 수 있어야 할 것이다.

앰부시 마케팅 광고와 상표 표 위반 조치

우리가 논하고 있는 앰부시 마케팅문제에 있어서 가장 중요한 위반행위는 광고를 통한 위반행위이다. 광고를 통한 위반행위는, 상표를 넣은 광고를 통해 부당한 이득을 취하였거나, 상표의 명성이나 특유 캐릭터에 해가 되는 경우에 일어난다.[19] 예를 들어, 월드컵이 인도에서 상표로 등록되고, 필립스사가 월드컵이라는 상표를 다음의 광고에서 문귀처럼 사용한다고 가정하자. "필립스: Diwali Manao World Cup Jao"나 "필립스 오디오 시스템을 사고, 월드컵 티켓에 당첨되세요"라는 슬로건을 월드컵 상표를 등록한 소유주의 허가 없이 사용한다면 필립스사는 상표 위반의 책임을 지게 된다.[20] 실제로, 행사 관련 상표가 등록이 되어 있다면, 이 조항은 대회와 관련된 앰부시 마케팅을 방지하는 데 매우 중요한 역할을 할 것이다.

올림픽 심볼에 주어진 인도에서의 부가적 보호

대부분의 상표법에서처럼, 올림픽 관련 심볼에는 부가적인 보호 규제가 적용된다. 대부분의 국가 상표법에서 올림픽 마크와 심볼은 '금지 마크'의 범주로 분류되며 공시 마크로서 보호된다.[21] 예를 들어, 인도 상표법은 엠블럼과 명칭의 부적절한 사용 금지 법안에 기초하여 사용이 금지되는 상표는 상표로서 등록되지 않는다고 명시한다. 이 법안을 살펴보면, 구체적으로 국제 올림픽 위원회의 엠블럼과 명칭을 포함하고 있다는 것을 알 수 있다.[22] 이러한 '공식마크 지위'는 일반 상표보다 훨씬 더 강력한 보호를 제공한다.[23]

상표 위반 조치가 실패한 경우

상표법이 앰부시 마케팅에 대항할 때 많은 한계가 있다. 그 중 하나는 앰부시 마케터들이 대개 행사의 등록상표를 사용하지 않는다는 사실이다.[24] 그 대신, 앰부시 마케터들은 교묘한 방법으로 특정 상표와의 잘못된 연관을 이끌어낸다. 이에 관한 최고의 사례는 앞에서 언급한 American Express사의 광고이다. American Express사가 '그리고 기억하십시오. 스페인에 가실 때는 비자가 필요하지 않습니다.'라는 슬로건을 바르셀로나 올림픽 기간 동안 사용하였을 때 그들은 올림픽과 관련된 어떤 마크도 사용하지 않았다. 하지만 이 광고는 명백한 앰부시 마케팅이다. 더욱이 상표법은 행사의 TV방송 기간 동안 광고시간을 구입한 경우에는 효과가 거의 없다. 선수나 팀과의 독립적인 계약, 행사 전후의 파티 개최, 행사지 주변의 광고 공간 구입, 행사지 관중들에게 앰부시 상표가 있는 의복이나 상품, 사인, 액세서리 지급 등과 같은 경우 역시 마찬가지이다. 또한 앞서 다룬 문신을 이용한 광고행위도 막기 어렵다.[25]

또 다른 큰 문제점은 위반의 필수 조건인 '혼동의 가능성'을 증명하는 것인데, 앰부시 마케팅 소송에는 대개 적용되지 않는다는 것이다.[26] 왜냐하면 대체로 소비자는 스폰서에 관심이 없고, 따라서 해당 행사의 스폰서가 누구인지 혼동한다는 것 자체가 성립되지 않기 때문이다.[27] 이것은 전 장에서 논의된 앰부시 마케팅에 대한 소비자 태도 조사에서도 나타난다.[28] 게다가 공정이용 원칙은 회사가 자사의 제품이나 서비스를 표현하는 단어나 문귀를 사용하는 것을 허락한다. 심지어 그 단어나 문귀가 다른 회사의 등록 상표라고 하더라도, 이 원칙은 여전히 앰부시 마케터들에게 유리하게 작용한다.[29]

이 사건에서 허가 받지 않은 시간에 방송국에서 'Boston Marathon'이라는 단어를 사용한 것은 공정하며, 'Boston Marathon'의 상표권에 위배되지 않는다고 지적하였다. 시청자들은 방송에서 마라톤을 본 것이지 방송사의 스폰서 관계까지 생각하지 않았다는 이유이다.[30]

공정이용 원칙은 또한 상표의 비상표적 사용을 지켜준다.[31] 이 이론은 New Kids On The Block 대 New American Publishing Inc 사건에서 적용되었다.[32] 이 이론에 따르면, 피고가 등록상표를 이용하여 자신의 상품이 아닌 원고의 상품을 묘사할 경우, 광고 사용자는 공정이용원칙에 따라 변호를 받을 수 있게 된다. 물론 문제의 제품이나 서비스가 등록상표를 사용하지 않고는 구별할 수 없으며, 또 마크 사용자가 상표 소유자와의 스폰서관계임을 암시하지 않는다는 전제 하이다.[33] 전 세계적으로 앰부시 마케터들은 자신들을 방어하기 위해 그들만의 기발한 방법으로 이러한 변호를 이용할 것이다.

또 다른 주요 이슈 중 하나는 인도 같은 나라에서는 '월드컵'과 같은 행사의 타이틀은 그냥 일반적인 단어라고 여겨지며, 그러므로 등록이 불가능하다는 것이다. 그 예로 ICC Development(International) Ltd 대 Arvee Enterprise And Anv. 사이의 소송에서, 법정은 월드컵을 '여러 국가들이 참여하는 토너먼트'라는 사전적 단어로 정의하였고, 결과적으로 행사 주최자들에게 어떠한 독점적인 권리도 줄 수 없다라고 판결하였다.[34] 이러한 모든 요인들이 앰부시 마케팅을 막아내는 상표법의 범위를 좁히고 있다.

저작권위반 소송

행사 관련자들이 앰부시 마케팅에 대항하기 위해 사용하는 무기 중 하나로 저작권위반 소송이 있다. 저작권 보호법은 행사와 관련한 다양한 분야에 적용될 수 있다. 이는 행사 주최측에 의해 만들어진 예술적인 로고에도 적용될 수 있다. 또한 문학작품 지위에 걸 맞는 최저필요조건을 만족시킨다는 전제하에, 상세시간, 개최 예정지 등을 다루는 공식 문서와 같은 다양한 문헌에도 적용 가능하다. 다른 다양한 지적 재산권과 차별화를 두는 하나의 특징은, 문제가 생겨남과 동시에 효력이 발생된다는 것이다.[35] 즉, 보호를 받기 위해 등록할 때 별다른 조건이 없으며, 저작권 보호법에 관한 한 등록은 단지 하나의 선택사항일 뿐이다. 이러한 특징 덕분에 작품은 서면으로 기록되는 즉시 보호를 받는다. 종이나 캔버스, 테이프, 디스크, 영화를 포함하여, 재현이 가능한 어떠한 매체이건 상관이 없다.[36] 따라서 행사 주최를 제외한 다른 이가 행사와 관련하여 저작권이 등록된 매체를 재현, 모방할 시, 저작권 침해의 책임을 지게 된다.

저작권위반 소송의 필수 요인

저작권법은 저자의 허가 없이 저작권법령에 어긋나는 행위를 하거나, 또는 다른 이에게 권한을 양도하는 행위를 금하고 있다.[37] 인도에서는 1975년 제정된 저작권법 제51항에서 저작권 침해를 다루고 있다.

저작권 침해는 크게 일차적 위반과 이차적 위반으로 분류된다. 일차적 위반은 저작권법의 직접적인 위반이며, 이차적 위반은 이를 돕거나 부추기는 행위를 뜻한다. 일차적 위반은 카피라이트가 있는 작업을 직접 재생하거나 행한 것을 의미하고, 이차적 위반은 위법적인 카피를 다루었거나, 그런 카핑 행위를 조장한 상업적 관계에 있는 사람들을 말한다.[38] 즉 일차적 위반은 저작권이 있는 작품을 직접적으로 재현하거나 공연하는 것을, 이차적 위반은 상업적으로 카피를 다루거나 또는 이를 조장하는 것을 의미한다.[39] 이차적 위반의 책임여부는 피고가 문제의 행위가 위배되는 것을 알고 있었는지에 따라 결정된다.[40] 앰부시 마케팅에 관하여는 두 가지 위반 모두 중요하다. 이는 앰부시 마케터가 직접 앰부시 마케팅에 관여하지 않고, 제삼자를 거치거나 또는 다른 수단을 사용하는 경우가 많기 때문이다.

위반을 논할 때 중요한 것은, 원고가 작업의 소유주인가, 원고가 저작권자의 권리를 침해하는 행위를 하였는가, 피고의 작업이 저작권 작업으로부터 파생된 것인가, 그리고 저작권관련 작업의 전체 혹은 상당한 부분을 도용하였는가 하는 등의 문제들이다.

예를 들어, 앰부시 마케터가 행사의 로고를 사용하는 전형적인 경우, 행사 주최측은 그 특정로고에 대한 저작권이 있음을 먼저 증명해야 한다. 일단 저작권 소유의 문제가 해결되면, 도용의 문제가 검토된다.[41] 여기서, 원고가 주장하는 피고의 위반 작업이 직접적이든 간접적이든, 원고의 작업에서 비롯된 것이고, 사소해 보이더라도 연관되었기 때문에, 두 작품이 비슷하며 그것이 위반이라는 것을 증명해야 한다.[42] 이 조건으로 인해, 저작권은 강력한 독점을 허용하는 특허권과 구별된다. 위반은 또한, 간접적이거나 무의식적으로 도용한 경우에도 적용된다.[43]

다음으로, 피고가 저작권 작품의 전체 혹은 상당한 부분을 도용하였는가의 문제가 다뤄진다. 이는 저자와 저작권자의 이익을 적절히 보상하고, 다른 이가 작업을 만들기까지 투자한 노력, 기술, 노동력 등을 타인이 사용하여 부당한 이득을 취하는 것을 방지하기 위함이다.[44] 이 상당한 부분이라는 문제는 사실과 법이 결부되어 다뤄지며, 이는 각각 사례의 사실관계에 따라 결정된다.[45] 일반적으로 여기서 결정적인 문제는, 원고 작품의 독창적인 특징들을 사용하였는가 하는 것이다.[46] 중요한 점은 '상당한 부분'의 사용여부를 결정하는 데 있어서 중요한 것은 사용부분의 양이 아니라 질이라는 것이다.[47] 피고의 작품과 원고의 작품이 차이가 나는 정도는 상관이 없으며, 특히 예술이라는 관점에서, 피고의 작품이 원고의 작품과 닮았는지 묻는 것은 적절치 못하다.[48] 여기서 보다 중요한 질문은 두 작품이 경쟁관계에 있느냐는 것이다.[49]

장기간에 걸쳐 소량의 작업을 모사한 것이 축적된 경우 또한 위반이다. 이에 관한 유용한 하나의 판례법으로 Football League Ltd 대 Littlewoods Pools Ltd가 있다.[50] 여기서 잊지 말아야 할 점은 저작권자의 작업에서 사용된 문장과 정확하게 같은 단어가 쓰여야 모사가 성립되는 것은 아니라는 것이다.[51] 비문자적, 비문장적 모사의 개념은 작자가 그의 생각과 아이디어를 표현하기 위해 사용한 독창적인 기술과 노동들을 상당히 도용하는 모든 행위로 확대 된다. 앰부시 마케터가 올림픽과 관련한 포스터를 사용한다고 한다면, 전체 포스터를 모사하지 않았어도 저작권자의 상당한 노동과 포스터의 기술을 도용했음을 증명하면 저작권위반의 책임을 지게 된다. 이것을 보여주는 좋은 판례로는 Design Guild Ltd 대 Russell Williams Textile Ltd 가 있다.[52]

영국 상원에 따르면, 피고의 작품이 전체적으로 원고의 작품과 다르다고 할지라도, 여전히 위반행위일 수 있다고 판정하였다.[53] 법정은 변형된 카피일 경우, 변형된 카피의 저작권 침해 여부를 알아보기 위해, 원본의 작가가 카피라이트가 있는 작업을 창조하기 위해 사용한 독자적인 기술, 노동의 상당한 부분이 피고의 작업에서 드러나는가 하는 것

을 살펴보았다.[54]

이러한 원리들은 앰부시 마케팅 관련 사건에서 매우 중요하다. 앰부시 마케터들이 행사 관련 로고를 카피했을 경우, 제작된 로고가 완전히 같지 않더라도 저작권 침해 소송이 가능하다는 것을 보여주기 때문이다. 행사에 관련된 로고는 예술 작품으로서 보호되며, 이것을 카피하는 어떠한 수단도 저작권 침해가 된다. 예술 작품의 경우, 평면의 작품을 입체로 변형 카피하거나 반대로 입체의 작품을 평면으로 변형 카피하는 것 역시 저작권 침해에 속한다.[55]

British Leyland Motor Corp Ltd 대 Armstrong Patent와 같은 유명한 사례가 이를 잘 설명하고 있다.[56]

인도 사법부 역시 저작권 침해에 대한 비슷한 입장을 취하고 있으며, 가장 안전하고 정확하게 저작권 침해를 판결하는 방법은 양쪽 작품 모두를 읽은 독자, 관중, 시청자가 문제의 작품이 원작을 카피했다는 명백한 느낌을 받는지 살펴보는 것이라고 한다.[57]

앰부시 마케팅에 대한 저작권 침해 소송이 성공한 경우

앰부시 마케팅에 대한 저작권 침해 소송이 얼마나 효과적이었는지를 알 수 있는 방법은 그에 관한 소송을 분석하는 것이다. 여기서 언급하고자 하는 앰부시 마케팅 관련 저작권 침해 소송은 2002년에 일어났다. 솔트레이크 올림픽 위원회는 솔트레이크 시티의 한 음악가게가 '2002년 올림픽 마스코트'와 '2002년 동계 올림픽'과 밀접하게 관련된 캠페인을 시도하려는 것을 성공적으로 막을 수 있었다.[58] 광고지에는 올림픽 공식 마스코트인 Power, Copper, Coal과 유사한 그림들과 '2002년 동계 올림픽을 후원하지 않은 것이 자랑스럽습니다'라는 문구가 적혀있었다.[59] 저작권 위반법을 인용하여, 주최측은 광고를 중단할 것을 서면으로 요청했고, 결국 광고 회사는 광고를 중지해야만 했다.[60]

다른 성공적 판례로는 IOC Development Ltd 대 Ever Green Service Station and Anr이다.[61] 이 사례에서는 피고가 홍보 캠페인 중 원고의 로고를 사용하였다. 델리 대법원은 얼룩말의 흑백 줄무늬를 상징하는 로고는 예술 작품으로서 저작권법의 범주에 들어가며, 따라서 저작권법의 보호를 받아야 한다고 보았다.[62] 결과적으로 피고는 광고에서 원고의 로고 사용을 금지 당했다. 위의 사례들은 저작권 위반 소송이 특정 종류의 앰부시 마케팅에 얼마나 효과적인가를 보여준다. 그러나 여기서 기억할 점은, 위의 두 사건 모두 저작권 침해가 쉽게 성립하는 직접적인 카피였다는 것이다.

앰부시 마케팅에 대한 저작권 침해 소송이 패소한 경우

이상에서 언급한 모든 법과 판례는 저작권 위반 소송의 강점을 잘 보여준다. 하지만 앰부시 마케팅에 관한 한, 상표법 위반이 실패한 경우 저작권 침해 역시 실패할 수도 있다. 앰부시 마케터가 행사의 로고나 이름을 사용했을 경우 저작권 위반 소송은 승소할 것이다. 그러나 앰부시 마케터들은 흔히 행사의 마크를 사용하거나 전시하지도 않으면서, 교활한 방법으로 행사와의 그릇된 연관을 이끌어낸다. 이러한 경우, 저작권 침해가 성립하기 어렵다. 만약 앰부시 마케터들이 올림픽 로고를 카피했다면, 저작권 침해로 소송을 제기하기가 쉽다. 그러나 '기억하세요. 스페인 여행에는 비자가 필요 없습니다.'와 같은 슬로건을 사용할 때는 저작권에 위배되지 않는다. 동시에 행사 주최측과 스폰서들은 앰부시 마케팅을 당한 것이다.

더욱이 상표위반법과 같이 저작권 위반법 또한 TV방송 중 광고 시간을 사는 것과 같은 경우엔, 효과가 미미하거나 거의 효력을 발휘하지 못한다. 개개인의 선수들이나 팀과 계약을 하는 경우, 주 행사가 이루어지는 동안이나 행사 전후에 파티나 다른 행사를 여는 경우, 행사 주변에 다른 광고부지를 구입하는 경우, 행사장 안에서 관중들에게 앰부시 마케터의 마크가 있는 의복, 상품, 사인이나 액세서리를 무료로 배포하는 경우, 혹은 문신을 이용해 광고를 하는 경우에도 역시 법정 효력을 발휘할 수 없다.

패싱오프 조치

패싱오프(Passing off) 조치는 앰부시 마케팅에 대항하여 광범위하게 사용되는 관습법이다.[63] 이는 상표와 심볼을 보호하는 현대법 중 가장 오래된 법적 조치이다. 패싱오프와 상표법이 어떤 면에선 비슷한 점이 많지만, 서로 다른 법이며 다른 관점으로 문제에 대처한다.[64] 패싱오프는 몇몇 앰부시 마케팅을 포함해 폭 넓은 상황에 적용될 수 있다.

쉽게 말해, 패싱오프 조치는 A사로 하여금, B사가 자신의 상품을 A사의 상품인 양 속여 파는 것을 막을 수 있게 해준다. 예전에는 이 조치가 명칭과 심볼이 소유권에 기반을 둔 것으로 여겨졌으나, 이후에는 '상호'로서의 소유권에 근거한다고 여겨지기 시작했다.[65]

패싱오프 조치는 주로 사실에 의해 결정된다.[66] 모든 패싱오프에는 세 가지의 기본적인 요소가 있다. 이 필수 요소들은 원고의 상품, 명칭, 마크 등등에서 얻은 명성과 평판, 혼동과 기만을 초래하는 거짓정보 그리고 그러한 정보의 결과로서 입는 피해이다.[67]

이 세가지 요소는 흔히 "고전적 삼위"라고 일컬어지며, 모두 밀접하게 연결되어 있다.

Ervin Warnink B. V 대 J Townend And Son Ltd의 경우,[68] 영국 상원은 더 나아가 패싱오프 조치를 적용하기 위한 5가지 특징들을 설명했다.

(1) 다른 회사의 평판과 사업에 타격을 줄 계산으로
(2) 거래과정에서 회사에 의해 만들어지고
(3) 그 회사에 의해 공급된 상품과 서비스의 잠재 소비자와 궁극적인 소비자를 대상으로 하며
(4) 그 행위로 말미암아 실제로 회사의 영업권과 사업에 피해를 주는
(5) 거짓정보

패싱오프 조치의 진정한 효과를 알기 위해선, 그것의 필수 요소들을 자세히 알 필요가 있다. 첫 번째 요건은 영업권으로, 모든 사업과 관련이 있는 법적 재산권이며, 흔히 소비자를 끄는 매력으로 여겨진다.[69] 이는 무형의 재산으로 묘사할 수 있지만 정의하기는 어렵다.[70] 영업권은 소비자가 이의 발전된 형태인 명성만으로 제품이나 서비스를 구입할 때 존재하는 것을 알 수 있다.[71] 영업권은 회사의 명칭, 심볼이나 로고에 기인하여 생겨나며,[72] 따라서 사업과 밀접한 관련이 있다.[73] 그러나 제품이나 서비스를 묘사하는 단어들이 사용되었을 때, 그가 가지는 영업권을 증명하는 것은 어려워 보인다.[74]

이 경우, 회사는 이 단어들에 상품이나 서비스에 관한 부차적 의미가 있음을 보여줄 수 있어야 한다.[75] 샴페인의 경우에서처럼, 개인 혹은 그룹사 차원에서 영업권을 가진다.[76]

앰부시 마케팅 관련 패싱오프 소송에서도 영입권을 입증하는 것이 요구된다. 예를 들어, FIFA World Cup 도중 앰부시 마케팅 사건이 발생한다면, FIFA는 FIFA World Cup이 세계적으로 유명한 축구 대회라는 것을 증명하여 이 조건을 만족시켜야 한다. 패싱오프의 두 번째 요소는 거짓정보로, 문장 그 자체는 사실일 수 있으나 계산적인 속임수가 포함된 것이다.[77] 대부분의 경우, 피고의 행동이 피고의 상품과 원고의 상품이 마치 경제적으로 연관이 있음을 암시할 때 거짓정보가 성립한다.[78] 그러나 이 뿐만 아니라 품질과 성질과 관련한 연관성의 암시 역시 거짓정보로서 소비자를 오도할 수 있다.[79]

또한 원고가 상품이나 서비스에 책임이 있거나 통제하는 경우에도 역시 거짓정보가 발생할 수 있다.[80] 관련 사건으로는 British Legion 대 British Legion Club(Street) 간의 소송을 들 수 있는데, 여기서 세계대전에 공을 세운 베테랑 British Legion이 패싱오프를 통하여, 피고에 의해 지역의 사교 클럽으로 묘사되는 것을 막을 수 있었다.[81] 법정의 판결 근거는 일반 대중이 사교클럽을 원고의 관련 지부 또는 원고 단체 관리하의 조직으로 오인, 혹은 클럽과의 합병을 연상시킨다는 것이다. 만일 이 법을 따르면, 교묘한 방법으로 행사에 관련된 것처럼 꾸미는 것은 거짓 정보가 되며, 패싱 오프 조치의 두 번째 요구 조건에 부합된다.

그러나 앰부시 마케팅에 대응할 수 있는 부한한 가능성이 단지 원고와 관련이 되어있다는 것만으로는 패싱오프의 요구를 만족시킬 수 없으므로, 이는 크게 제한되고 있다.[82]

오인은 말이나 행동이어야만 한다.[83] 대부분의 경우, 오인은 피고의 고유 명칭, 마크, 외관이나 다른 신호들이 원고의 것으로 오해를 사기에 충분히 비슷하게 만들어졌을 때 일어난다.[84] 예로 페미나 미스 인도 콘테스트의 주최측은 하나의 독특한 광고를 만들었고, 어떤 회사에서 이와 비슷한 광고로 상품을 홍보했을 때, 오인이 성립되는 것이다. 어떤 경우에는 피고가 원고와 명백하게 관련된 문장을 사용할 때 오인되기도 한다.[85] 회사가 '텔레콤 모바일과 함께, 당신의 휴대전화를 올림픽으로 가져가세요.'라는 문장을 사용했을 경우, 올림픽이라는 명백한 명칭을 사용했으므로 사칭이 성립되는 것이다.

행동에 의한 오인의 가장 좋은 예로, 피고가 원고의 상품과 동일하거나 비슷한 물건을 만드는 경우를 들 수 있다. 또한 피고가 자신의 상품을 공급하고, 원고의 상품 근처에 자신의 상품을 진열한 경우, 유명상품의 이름으로 도메인 네임을 등록한 경우, 유명이름으로 서비스를 제공한 경우 역시 마찬가지이다.[86] 이 뿐만 아니라 오인의 종류는 무궁무진하다. 그리고 인간의 교묘함이 존재하는 한 더욱 증가해 갈 것이다.

오인은 거짓 승인의 형태로도 나타날 수 있다.[87] Irvine 대 Talksport 간의 소송이 좋은 예이다.[88] 여기서 주목할만한 점은 공동활동 영역 없이 패싱오프가 존재할 수 없다는 것이다. 이 사건의 경우, 법정은 원고와 피고가 공동활동 영역을 가지고 있다거나 상품이나 서비스의 판매가 감소했다는 사실을 보여줄 필요는 없다고 보았다.[89] 따라서 앰부시 마케팅 문제와 관련해서 보면 패싱오프를 적용시킬 때 행사 주최측과 앰부시 마케터의 공동활동 영역이라는 조건은 필요가 없다. 오인의 조건을 갖추려면 원고는 피고의 행동이 일반 대중에게 많은 부분에서 혼란을 주거나 혼란의 가능성이 있음을 보여주면 된다. 다시 말하자면, 피고의 오인은 반드시 속임수여야 한다는 것이다.[90] 일반 대중을 속이려는 오인인가의 여부는 관련 대중들의 보는 관점에 근거하여 법원이 판결을 내린다.[91] 그러나 어떠한 점에서 일반 대중이 오도되었는가 하는 질문은 사건 관련 사실에 따라 결정된다.[92] 어떤 이들은, 상품의 수령자가 속지 않았다고 하더라도, 오인이 상품의 유통에서부터 시작될 수 있다고 여긴다.[93] 그러나 또 다른 사람들은 오인의 시작이 판매의 시점이 아니라 상품이 소비자에게 인도되어 사용된 시점이라는 의견을 견지한다.[94]

패싱오프가 성립되기 위한 세 번째 요건은, 피고의 오인으로 인해 원고가 손해를 입었거나, 입을 수 있음을 증명하는 것이다. 손해의 가능성이 높을수록 원고는 유리하다.[95] 네 번째는, 상권과 이익을 당장 혹은 잠정적으로 잃게 되는 것, 즉 명성에 해가 가는 것이다.[96]

앰부시 마케팅에서는 현재 상권과 이익의 손실을 쉽게 증명할 수 있다. 행사 주최측에서 앰부시 마케팅으로 인해 스폰서십을 잃는다면 그건 명백한 손실이 된다. 많은 경우, 스폰서가 앰부시 마케팅을 당했을 시에, 행사 주최측은 이를 변상해야 한다.[97] 또한 끊임없는 앰부시 마케팅에 지친 스폰서들로 인해, 미래의 상권과 이익의 손실 역시 쉽게 증명할 수 있다. 이는 피고의 분야 중 향후 원고가 진출하고자 하는 영역 역시 포함 가능하다.[98] 스포츠 분야의 경우, 이러한 미래의 확장이 의류나 스포츠 상품 등이 될 수 있다. 패션쇼와 같은 행사에서도 비슷한 일이 벌어지는데, 주최측이 화장품 사업이나 의류 소매업 같은 다른 영역으로 확장할 계획을 행사에서 알릴 수 있다. 피고의 행위가 원고의 마크 라이선싱 능력을 훼손하는 경우 역시 마찬가지이다.[99]

명성 훼손은 훼손의 세 번째 요소로서 법정에서 인정된다. 이는 피고에 의해 상품과 서비스의 열등함이 광고되는 형태로 나타날 수 있다. 피고가 자신의 상품이 마치 원고의 것인 양 혹은 원고의 회사와 연관이 있는 것처럼 행동하며 대중을 오도할 때 원고의 명성에 손해를 끼치게 된다.[100] 예를 들어, 회사가 어떤 행사의 이름을 이용하여 콘테스트를 했는데, 그 회사의 제품의 품질이 불량하여 소비자의 건강에 악영향을 미쳤다면, 그것은 행사 조직위의 명성에 먹칠을 하는 것이다. 혹은 회사가 콘테스트를 통하여 특정 행사가 진행되는 나라에 여행권을 주었는데, 그 여행 프로그램이 너무 부실해서 힘들게 여행을 했다면, 이는 그 특정 행사의 명성에 회복할 수 없는 피해를 미칠 수 있는 것이다. 이것이 바로 행사 주최측이 콘테스트에서 행사의 티켓을 배포하는 것을 금지하는 이유이다.

법정이 인정하는 다른 형태로의 손해로는 희석(dilution)이 있다. 이것은 상품이나 가치를 떠올리게 할 수 있는 원고의 싸인의 권위를 훼손할 때 발생한다.[101] 다시 말하면, 원고의 싸인에 내재되어 있는 평판과 권위를 묽게 만드는 희석인 것이다.[102] 이 관점은 Tattinga 대 Allebev 소송 판결에서 재차 강조되었다. 이 사건에서, 평판이 좋은 샴페인 회사인 원고는 피고가 'Elder Flower 샴페인'이라는 이름으로 무 알코올 음료를 팔려는 것을 막을 수 있었다.[103] 항소법원은 '샴페인'이라는 이름의 고유성이 더럽혀지고 손상될 가능성을 들어, 손실이 패싱오프 조치를 적용시키기에 충분하다고 보았다. 이 원칙은 앰부시 마케팅에서도 그대로 적용될 수 있다. 만약 올림픽이라는 단어의 자유로운 사용이 허가된다면, 결국 많은 제품에 쓰이게 될 것이고, 이 표현 자체의 정체성을 잃게 될 것이다. 예를 들어, 콘돔회사는 올림픽 콘돔이라는 이름으로 콘돔을 생산할 수 있을 것이고, 차(tea) 회사는 올림픽 찻집이라는 이름으로 가게를 차릴 수 있다. 이러한 모든 일들은 올림픽의 특수성에 손상을 입힐 수 있으며, 결국 명성을 희석시키는 결과를 초래한다.

앰부시 마케팅에 대한 패싱오프 조치

- 어떻게 작용하는가

앰부시 마케팅에 관련하여 법정에 오르는 대부분의 사건은 패싱오프이다. 이와 관련한 몇 가지 소송을 분석하여 앰부시 마케팅을 방지하는 패싱오프의 효과를 알아보자.

우선 대표적인 사건으로 NHL와 Pepsi-Cola Canada Ltd 사이의 소송이 있다.[104] 이 소송은 2장에서 자세히 설명되어 있다. 이 사건을 법원은 패싱오프의 연장선으로 볼 수 있는 불법임을 인지했으나, 광고 현실의 변화를 고려하여 소송을 기각했다. 법정은 원고의 제품은 하키인 반면 피고의 제품은 음료인 것을 주목했다. 법정은 대중이 피고의 제품을 원고의 제품으로 오해할 일이 없다는 결론을 내렸다.[105] 계속하여 법정은 TV 광고나 지면에 피고가 원고로부터 승인이나 허락을 받았다거나 비즈니스 상의 관계가 있다는 내용을 암시하는 그 어떤 것도 존재하지 않는다고 강조했다. 법정에 따르면, 홍보물에 적혀있는 성명은 오해의 소지를 불식하기에 충분하다는 것이다.[106] 그 결과 소송은 피고의 법정 부담만으로 기각되었다.

다른 사건으로 The New Zealand Olympic and Commonwealth Games Association Inc와 Telecom New Zealand Limited 사이의 판례가 있다.[107] 원고는 Telecom New Zealand Ltd사가 마치 올림픽 게임과 올림픽 연맹, 뉴질랜드 올림픽 팀과 관련이 있는 것처럼 광고했다고 하였다.

그러나 피고는 'ring'이라는 단어의 결합과 통신사의 이름만으로 독자들로 하여금 피고가 원고의 스폰서라고 추정하기에는 무리가 있다고 반박하였다. 또한 이 사건에서 앰부시 마케팅 소송을 패싱오프 소송으로 받아들이기 주저하는 사법부의 모습을 볼 수 있다. 법정은 신문을 읽는 독자가 오색의 'ring' 이라는 단어를 보고, 그 다음 줄에 있는 올림픽 관련 문구를 본 후, 다시금 'ring' 이라는 단어를 보고 나서 비로소 올림픽의 심볼인 오륜과 관련을 지을 수 있을 것 같다고 하였다.

법정은 만화나 어떤 모양을 보고 잠시 웃다가 나중에서야 그것의 암시적인 관련성을 생각하는 것과 같다고 하였다. 법정은 이런 올림픽 오륜을 연상하는 일종의 심리 작용을 올림픽 주최측이나 스폰서십과 관련을 짓는 것은 무리가 있다고 판단했다.[108] 흥미롭게도 법원은 이 사건이 부수적인 법적 보호의 필요성을 예증했다고 보았다.[109]

아스날 축구클럽과 Reed의 소송 또한 거론할 만 하다.[110] 이 사건에서 피고는 아스날 구장 근처에서 허가 없이 아스날 또는 거너스•가 적혀있는 기념품을 팔았으며, 구단 배지 또한 사용하였다. 이 경우에 두 가지 패싱오프가 존재한다. 첫째로, 피고의 무허가 영업은 대중들로 하여금 그 제품이 아스날 구단이 만들었거나, 구단과 관련이 있다고 오해할 수 있다.

두 번째 주장은 피고의 직원들이 고의적으로 승인되지 않는 물건들을 "공식적인"상품인 양 판매했다는 것이다.

이 사건에서 법원은 구단에 대한 열정의 표현으로 단순히 '아스날' 또는 '거너스'가 들어갔기 때문에 기념품을 구매할 잠재적 소비자가 있을 수 있음을 지적했다. 소비자들은 누가 그 제품들을 만들고 또 판매하는지에 대해서는 관심이 없다는 것이다.

소비자가 혼동한 것인지 판매자의 의도적인 속임수인지를 판단하는 데 있어 중요한 것은 대중의 그 물품들의 출처에 대한 관심 여부이다.[111] Reed씨의 제품에 있는 아스날 싸인의 경우 상품의 출처 표기가 전

• 거너스: 'The Gunners' 아스날 구단의 애칭

혀 되어있지 않다.[112] 그러나 법정은, 공식적인 기념품을 원하는 팬들도 물론 있겠지만 모든 기념품과 싸인이 있는 기념품이 아스날 구단의 제품이라고 믿는 것은 타당치 않다고 밝혔다.[113] 법원은 원고의 주장이 인정되기 위해서는 문제의 상품에 품질 보증서나 거래확인서 따위의 부수적인 다른 표시가 꼭 필요하다고 밝혔다.[114] 아스날이 관련된 혼란요인을 찾아내지 못함에 따라 법원은 아스날 구단이 피고로 인해 발생한 손해 또한 증명할 수 없다고 보았다.[115] 따라서 첫 번째 패싱오프 소송은 실패로 돌아갔다.

두 번째 소송 역시 오해의 소지가 적고 또한 증거가 불충분하므로 패소하였다.[116]

여기서 또한 ICC Development Ltd와 Arvee Enterprise And ANR 사이의 소송을 거론할 필요가 있다.[117] 이 사건에서 원고는 피고가 고의로 문제의 슬로건을 사용하였고, 그림 가장자리에 'Cricket World Cup 2003'이라고 적힌 가상 티켓의 이미지를 사용하여 행사와 연관이 있는 것처럼 꾸미고 상품을 판매하려 하였으므로 패싱오프와 앰부시 마케팅에 해당한다고 주장하였다. 즉 소비자가 혼동할 가능성이 매우 큰, 일종의 사기라는 것이다. 하지만 법정은 패싱오프가 발전하고 범위가 확장되고 있음을 인정하지만, 패싱오프 소송의 경우 피고의 상품이나 사업이 원고의 상품이나 사업과 연관을 지어 마치 인증이나 승인을 받은 것처럼 오해를 주었을 때만 위반이 인정될 수 있다는 점을 지적하였다. 여기서 중요한 논점은 피고의 소비자 대부분이 문제의 상품을 원고의 행사와 연관 짓고 공식 후원자의 상품과 혼동하였는가 하는 것이다.[118]

법정이 관찰한 바에 의하면, 피고는 원고의 로고나 마스코트를 캠페인 광고나 홍보에 사용하지 않았다. 또한 법정은 피고가 행사에 참여하는 이들의 관심을 사기 위해 'Cricket World Cup 2003' 라는 문구가 적혀있는 가상티켓의 이미지만을 사용했다는 점을 주목하였다. 즉, 단지 이것만으로 피고가 원고의 행사에 관련이 있다고 소비자들에게 혼동을 주기에는 무리가 있다는 것이다.[119]

법정에게 그 광고는, 피고의 소비자가 월드컵 티켓과 패키지 여행 티켓에 당첨될 수 있다는 기회가 있다는 것일 뿐, 그 이상도 그 이하도 아니었다. 따라서 법정은 패싱오프의 기본 요소가 이 소송에서는 존재하지 않는다고 결론지었다.[120]

앰부시 마케팅의 청원에 관한 법정의 시각은, 위험천만하게도 앰부시 마케팅이란 표현은 마케팅 경영자들이나 쓰는 것이지 패싱오프와는 다르다는 것이다.[121]

이 관점이 얼마나 위험한지는 다음의 법원설명에서 알 수 있다. 법정은 패싱오프는 명백하거나 혹은 은밀한 속임수가 있을 때 일어나는 것이고, 앰부시 마케팅은 행사를 이용한 기회주의적 상술이라고 보고 있다. 즉, 앰부시 마케팅은 특정 행사와의 연관성을 추구하는 것이 아니라 행사 주최 측의 승인을 받지 않고 자신의 상표나 마크 등을 행사 참가자들에게 노출시키는 것이라는 것이다. 정말 위험한 것은 피고의 행동은 속임수가 아니며 공익에도 해가 되지 않는다는 것이 법정의 관측이다.[122] 이러한 논쟁에 힘입어 법정은 정말 실망스러운 결론에 이른다. 광고 캠페인 시 원고의 로고나 상표를 쓰지 않고 행사 티켓을 경품으로 사용했을 경우 이것은 위법이 아니며 패싱오프에도 적용할 수 없다는 것이다.[123] 이와 비슷한 결과의 소송으로 인도 앰부시 마케팅 소송인 ICC Development LTD와 Ever Green Service Station 사이의 소송을 들 수 있다.[124]

전통적인 법적 조치 중, 패싱오프는 앰부시 마케팅에 대응하는 가장 강력하고 또한 빈번하게 쓰이는 무기 중의 하나이다. 그럼에도 불구하고 앞서 언급했던 판례법은 앰부시 마케팅에 대응하는 패싱오프의 단점을 가장 잘 지적하고 있다. 상표위배 법, 저작권 위배법과 함께 패싱오프의 한계를 알게 될 때, 우리는 이러한 전통적 법으로는 교묘한 앰부시 마케팅에 대응하기엔 부족하다는 것을 알 수 있다. 이러한 기생적인 문제를 해결하기 위한 대응책을 찾는 데 초점을 맞추어야 할 것이다.

NOTES

1. 자세한 내용은 Carolina Pina와 Ana Gil-Roble의 『*Sponsorship of Sports Events and Ambush Marketing*(스포츠행사의 스폰서십과 앰부시 마케팅)』 94쪽 참고. 다른 이유로써 비싼 소송 비용과 법원을 통해 합의까지 오랜 시간이 걸린다는 점이 자주 언급된다.
2. 상표권법(the Trade Marks Act) 1999 제29(1)조 참고. 등록된 상표는 등록되지 않은 소유자나 허용된 사용 방법으로 사용하는 사람이 아니라, 무역의 과정에서 동일하거나 믿을 수 없을 정도로 유사한 마크, 등록된 상표에 관한 제품이나 서비스와 관련된 상표를 사용하고, 이런 방법으로, 상표로써 이용되고 있는 마크의 사용을 야기하는 사람에 의해 침해된다.
3. P. Narayana의 책 531쪽 참고.
4. 상표권법(the Trade Marks Act) 1999 제29(6)조 참고.
5. 상표권법(the Trade Marks Act) 1999 제29(2)조 참고. 또한 Durga Dutt Sharma 대 Navaratna Pharmaceutical Laboratories 간의 판례(AIR 1965 SC 980) 참고. 이 사건에서 법원은 원고의 상표를 침해한다고 제기된 마크 사용이 '무역의 과정'에서 드러나면, 침해 문제는 두 마크의 비교에 의해 결정된다는 점에 주목했다. 이 사건에서 논의되고 있는 상표는 'Navaratna Pharmaceutical Laboratories'와 'Navaratna Pharmacy'이다. 법원은 두 마크가 일치하지 않을 때, 원고는 피고에 의해 사용되는 마크가 원고의 등록된 상표와 거의 똑같다는 사실이 상표 등록에 있어서 기만하거나 제품의 혼란을 야기할 것임을 입증해야 한다. 1965 인도 대법원 판결문 980쪽 29단락 참고.
6. 상표권법(the Trade Marks Act) 1999 제29(3)조 참고.
7. Pianotist's Application 판례 참고(23 RPC 774, 1906).
8. British Sugar 대 James Robertson 간의 판례 참고(RPC 281 참고, 1996).
9. Pianotist's Application 판례 참고(23 RPC 774, 777, 1906).

10. British Sugar 대 James Robertson 판례 참고(RPC 281, 296-7쪽 참고, 1996).

11. Dutt Sharma 대 Navaratna Pharmaceutical Laboratories 간의 판례 참고(1965년 인도 판결문, 인도 대법원 판결문 980쪽 29단락 참고).

12. Boston Athletic Association 대 Mark Sullivan 간의 판례 참고(867 F.2d 22, 1989).

13. Pignons S.A. de Mecanique de Precision 대 Polaroid Corp. 간의 판례와 Astra Pharmaceutical Product, Inc 대 Beckman Instruments, Inc 간의 판례에 따르면, 혼란 가능성을 평가하는데 중요한 8가지 요소는 (1) 상표의 유사성, (2) 제품의 유사성, (3) 당사자 간의 무역 유통 체계의 관계, (4) 당사자의 광고 사이의 관계, (5) 잠재적인 구매자의 부류, (6) 실제 혼란의 증거, (7) 상표 채택에 있어서 피고의 의도 그리고 (8) 원고의 상표의 영향력이다.

14. 상표권법(the Trade Marks Act) 1999 제29(4)조 참고.

15. Pfizer Ltd 대 Eurofood Link(UK) Ltd 간의 판례(2001, FSR 3) 참고. 이 사건에서 주요 문제는 남성과 여성의 성욕을 자극할 수 있다고 광고하는 유료에 대하여 단어 'Viagrene'를 사용하는 것이 원고에 의해 등록된 제약과 동물치료 관련 제조 물품 상표 'Viagara' 를 침해하는 가 하는 것이다.

16. 위와 동일한 판례 19단란 참고.

17. 법원에 따르면, 혼란의 관련 가능성은 사실의 문제이고 법원이 혼란의 증거에 받아들일 경우, 제품들 사이에 상당한 비유사성이 있음에도 불구하고, 보조금이 허가되어야 한다. 입증될 혼란의 본질은 기원에 대한 혼란이다. 위와 동일한 판례 29단락 참고.

18. 위와 동일한 판례 28단락 참고.

19. 상표권법(the Trade Marks Act) 1999 제29(8)조 참고.

20. ICC Development(international) Ltd. 대 Arvee Enterprises and Anr. 간의 판례 18단락 참고(2003(26) PTC 245(Del))에서 우리는 유사한 상황을 볼 수 있다. 그러나 'world cup은 인도에서 등록된 마크가 아니다. ICC는 법정에 나아가기 이전에, 상표 'ICC Cricket World Cup South Africa 2003'과 로고 그리고 다즐러 등록 신청서를 제출하였다. 이 사건에서 원고는 상표 침해가 아닌 사기통용행위에 중점을 두었다.

21. Juda Strawczynski의 『*Is Canada Ready for the Vancouver Winter Games? An Examination of Canada's Olympic Intellectual Property Protection*(캐나다는 벤쿠버 동계올림픽을 위한 준비가 되었는가? 캐나다의 올림픽 지적재산 보호 조사)』 참고(62 U. Toronto Fac. L. Rev. 213, 215, (2004)).

22. 엠블램과 이름(부적절한 사용 방지)법 부칙 참고(1950).

23. 자세한 내용은 Juda Strawczynski의 『*Is Canada Ready for the Vancouver Winter Games? An Examination of Canada's Olympic Intellectual Property Protection*(캐나다는 벤쿠버 동계올림픽을 위한 준비가 되었는가? 캐나다의 올림픽 지적재산 보호 조사)』 216쪽 참고. 여기서 저자는 이 추가적인 보호는 모든 이들로 하여금 공식적인 마크와 닮은 마크를 차용하는 것을 금하도록 한다. 이는 유사한 상포 등록을 방지하고, 공식 마크의 소유자가 손해나 피해 증명의 부담 없이 침해를 중지하는 소송을 할 수 있게 한다. 등록을 추구하는 특정 상품과 상표에 국한되는 일반 상표와 다르게, 공식 마크는 모든 부류 전반에서 보호를 받을 수 있다. 저자는 또한 공고가 공식 마크 채택과 사용을 위해 주어지면, 이는 사실상 난공불락임을 지적했다.

24. 예를 들어, National Hockey League 대 pepsi-Cola Canada Ltd 간의 판례(1992, CarswellBC 215)의 결정을 참고하라. 상표 침해 주장을 기각하면서, 법원은 피고가 대회와 관련된 원고의 등록된 마크나 제푸의 어떤 것도 '사용'하지 않았다는 점을 지적했다.

25. 그러나 일부 학자들은 전통적인 법적 조치가 문신 광고와 복잡한 같은 앰부시 마케팅 기법에 분투하기 위해 발휘될 수 있다는 주장을 하고 있다. 그 예로, John Vukelj의 『*Post No Bills: Can the NBA Prohibit its Players from Wearing Tattoo Advertisements?*(법안을 발표하지 마라: NBA는 선수들로 하여금 문신 광고를 하는 것을 금지할 수 있는가?』 519-26쪽 참고.

26. 자세한 내용은 Jason K. Schmitz의 『*Ambush Marketing: The Off-Field Competition at the Olympic Games*(앰부시 마케팅: 올림픽 경기에서 오프필드 경쟁』 11쪽 참고.

27. Lori L. Bean의 『*Ambush Marketing: Sports Sponsorship Confusion and the Lanham Act*(앰부시 마케팅: 스포츠 스폰서십 혼란과 랜햄 법)』 1,128쪽 참고.

28. Anita M. Moorman과 T. Christopher Greenwell의 『*Consumer Attitudes of Deception and the Legality of Ambush Marketing Practices*(기만의 소비자태도와 앰부시 마케팅 사례의 적법성)』 196-207쪽 참고.

29. 방어로써 공정한 사용 규칙의 적용에 대한 자세한 내용은 Jacqueline A. Leimer의 『*Ambush Marketing: Not Just an Olympic-Sized Problem*(앰부시 마케팅: 단순한 올림픽 규격의 문제가 아니다)』 4쪽 참고.

30. WCVB-TV 대 Boston Athletic Association 간의 판례(1991, 926 F.2d 42) 참고. 법원은 WCVB 채널의 마크 사용은 채널이 중계하고 있었던 행사를 기술하기 위함이라는 견해를 취했다. 법원에 따르면, 기술적 목표를 위한 단어 사용은 정당한 사용이며, 단어 그 자체가 상표를 구성한다고 한다고 하더라도, 법은 대게 그 사용을 허용한다.

31. 자세한 내용은 Jacqueline A. Leimer의 『*Ambush Marketing: Not Just an Olympic-Sized Problem*(앰부시 마케팅: 단순한 올림픽 규격의 문제가 아니다)』 4쪽 참고.

32. New Kids on the Block 대 News America Publishing Inc 간의 판례 참고(971 F.2d 302)(1992).

33. 위와 동일한 판례 304 참고.

34. ICC Development (international) Ltd. 대 Arvee Enterprises and Anr. 간의 판례 18 단락 참고(2003(26) PTC 245(Del)). 법원에 따르면, 'world cup'이라는 단어의 속성은 축구-FIFA World Cup, 하키-FIH World Cup 등과 같은 국제 스포츠 행사를 지칭하는데 사용된 단어들로 분명해진다고 한다.

35. Kevin Garnett, Gillian Davies 그리고 Gwilym Harbottle의 『*Copinger and Skone James on Copyright*』 23쪽 참고(런던, Sweet and Maxwell, 2005).

36. 위와 동일한 페이지 참고.

37. 위와 동일한 책 358쪽 참고.

38. 자세한 내용은 Lionel Bently와 Brad Sherman의 책 155쪽 참고

39. 위와 동일한 페이지 참고.

40. 위와 동일한 페이지 참고.

41. 『*Copinger and Skone James on Copyright*』 373쪽 참고.

42. W.R. Cornish의 『*Intellectual Property: Patents, Copyright, Trademarks and Allied Rights*(지적 재산권: 특허, 저작권, 상표 그리고 관련된 판권)』 360쪽 참고(델리, Universal Law Publishing Co. Pvt. Ltd., 2003).

43. 잠재의식 복사의 경우, 사람은 작품을 읽거나 보거나 듣고 이에 대해서 잊어버린다. 그러나 나중에 자기 자신의 것이라고 믿는 작품을 재생산한다. 간접적 복사의 경우, 작품은 그의 모방작에 의해 복제된다. 예를 들어 그림의 경우, 만약 누군가가 그 입체적인 물건을 그렸고, 피고가 이를 복제된다면, 여기에는 그림 간접적인 복제에 대한 관련성이 제기 될 것이다. W.R. Cornish의 책 361쪽 참고.

44. 『*Copinger and Skone James on Copyright*』 381쪽 참고,

45. 위와 동일한 책 384쪽 참고,

46. 위와 동일한 책 384-5쪽 참고.

47. 위와 동일한 페이지 참고.

48. 위와 동일한 책 386쪽 참고.

49. 이는 경고와 함께 사용되어야 한다. 비록 결정적인 것은 아니지만 유용한 것으로 법원이 여겼던 사건은 『*Copinger and Skone James on Copyright*』 338쪽에 수록된

Cambridge University Press 대 University Tutorial Press 간의 판례(1928, 75 RPC 335)이다.

50. Football League Ltd 대 Littlewoods Pools Ltd 간의 판례(1959, ch637) 참고. 이 사건에서 원고는 한 시즌에서 시행될 약 2000개의 축구 리그 챔피언십 경기의 연보를 만들었다. 매 2주마다 피고는 피고의 수영장 할인권을 준비하기 위해 2주간의 경기 목록을 복제했다. 조작적인 불법 복제로 이를 보고, 법원은 불법침해 주장을 지지했다.

51. 『Copinger and Skone James on Copyright』 394쪽 참고.

52. Designer Guild Ltd 대 Russell Williams(Textiles) Ltd 간의 판례(2001, FSR 11) 참고. 이 사건에서 주요 문제는 직물 'Ixia'이 만들어진 피고의 천 디자인 'Marguerite'이 원고의 예술 작품의 저작권을 침해했느냐 하는 것이다. 한 가지 해결책은 복제된 부분이 'Ixia'의 전체 또는 상당한 부분에 이르느냐 하는 문제에서 찾을 수 있다.

53. 위와 동일한 판례 38단락 참고.

54. 위와 동일한 판례 64단락 참고.

55. 위와 동일한 판례 단락 참고.

56. British Leyland Motor Corp Ltd. 대 Armstrong Patent 간의 판례(1986, 2 WLR 400) 참고. 이 사건에서 원고들은 자동차 디자이너와 제조업자였으며 이들은 그들의 자동차를 위한 예비 부품의 일부를 만들기도 했다. 피고는 원본 부품의 모양과 크기를 복제함으로써 원고의 자동차의 대체 배기 파이프를 생산했다. 원고는 피고의 간접 복사가 원고의 배기시스템 원본 도면의 저작권을 침해한다고 지적함으로써, 저작권 침해 소송을 시작했다. 법원은 비록 간접적으로 복제함으로써 만들어진 것이고 도면에 있어 원고의 저작권을 침해한 것이지만, 배기파이프 제조업체를 지지했다.

57. R.G. Anand 대 Delux Films 간의 판례(1978년 인도 대법원 판결문 1613쪽 46 단락 참고. 이 사에서 주요 문제는 피고에 의해 만들어진 'New Delhi'라는 제목의 영화가 'Hum Hindustani'라고 불리는 연극에서의 원고의 저작권을 침해했는지 여부이다. 영화와 연극 모두 지방주의를 주제로 한 것이다.

58. 자세한 내용은 Anne M. Wall의 『*The Game behind The Games*(경기 뒤의 사업)』 575-6쪽 참고(12 Marq. Sports L. Rev. 557)(2002).

59. 위와 동일한 페이지 참고.

60. 위와 동일한 페이지 참고.

61. ICC development(International) Ltd 대 Ever Green Service Station 간의 판례 참고

(2003(26) PTC 228(Del)). 이 사건의 사실은 이전 장에서 자세히 언급되었다.

62. 위와 동일한 판례 20 단락 참고. 그러나, 비록 법원이 저작권 침해 주장을 지지했음에 불구하고, 앰부시 마케팅을 통해 원고의 권리 침해라는 더 큰 문제는 법원에 의해 거부되었음에 주목할 필요가 있다. 법원에 의해 제기된 유일한 규제는 원고의 로고 사용이다.

63. Lionel Bently의 책 671쪽 참고.

64. 자세한 내용은 Christopher Wadlow의 『*The Law of Passing Off*(사기통용행위법)』 6-7쪽 참고(런던, Sweet and Maxwell, 2004).

65. Lionel Bently의 책 672쪽 참고.

66. 『*Kerly's Law of Trade Marks*(컬리의 상표권법)』 416쪽 참고.

67. 'classical trinity'에 대한 자세한 내용은 Christopher Wadlow의 책 6쪽 참고.

68. Erven Warnink B.V. 대 J. Townend & Sons (Hull) Ltd. 간의 판례 참고(1979, A.C. 731.).

69. 내용은 Christopher Wadlow의 책 7쪽 참고.

70. Lionel Bently의 책 674쪽 참고.

71. 위와 동일한 페이지 참고.

72. 위와 동일한 페이지 참고.

73. 이 점에 대한 가장 좋은 예 중 하나는 코카콜라사의 병이 될것이다. 여기서 언급할 가치 있는 또 다른 예는 유명한 사건인 Reckitt & Colman 대 Borden Inc 간의 판례(1990, RPC 341)에서 볼 수 있다. 이 사건에서 원고는 크기, 모양, 색 모두 레몬과 유사한 플라스틱 용기에 든 레몬주스를 팔고 있었다. 피고가 원고의 것과 매우 유사한 플라스틱 레몬 용기를 사용했을 때, 법원은 이를 사칭으로 간주했다. 이는 원고의 제품에 부착된 영업권에 근거한 것이다.

74. Lionel Bently의 책 675쪽 참고.

75. 위와 동일한 책 676쪽 참고.

76. 위와 동일한 책 690쪽 참고.

77. Christopher Wadlow의 책 6쪽 참고.

78. Lionel Bently의 책 692쪽 참고.

79. 위와 동일한 책 672쪽 참고. 더 구체적으로 말하자면, 이는 다양한 방식의 확장이다. 확장은 상품의 판매에서부터 서비스까지, 상품이나 서비스의 근원에서 품질까지, 또 다른 거래자의 상품이라는 간단한 주장에서 제품은 또 다른 거래사에 의해서 허가 받아 왔다는 주장을 다루는 것까지 아우른다. Spalding 대 Gamage 간이

판례(1915, 32 RPC 273)을 참고 하라. 이 사건에서 축구공 제조자인 원고는 원고의 구모델의 일부를 취하고 이를 그들의 향상된 신 제품인양 판매했던 피고에 대해 소송을 제기했다. 이는 허위진술로 남아 있다. 이 점을 입증할 또 다른 유용한 사건은 Taittinger SA 대 Allbev 간의 판례(1993, FSR 641)이다. 이 사건에서 피고는 Elderflower Chamgane이라는 이름을 사용하는 것을 금지 당했다.

80. Lionel Bently의 책 698쪽 참고.

81. British Legion 대 British Legion Club (Street)간의 판례 참고(1931, 63 RPC 555).

82. Lionel Bently의 책 699쪽 참고.

83. 위와 동일한 책 694쪽 참고.

84. Christopher Wadlow의 책 6쪽 참고.

85. Lionel Bently의 책 694쪽 참고.

86. 위와 동일한 페이지 참고. 또한 Associated Press 대 Insert Media간의 판례(1991, FSR 380)와 British Telecommunications 대 One in a Million 간의 판례(1998, 4 All.E.R. 476) 참고. 첫 번째 사건은 피고가 원고의 제품과 가까이에 자신들의 제품을 배치했던 사건의 예이다. 이 사건에서, 피고는 신문가판대에 신문이 배달된 후 원고의 신문 안에 광고를 넣었다. 두 번째 사건은 영업권을 가진 조직의 이름을 포함하는 도메인명을 등록하는 것의 예이다. 이 경우, 피고는 virgin.com과 같은 도메인명을 확보했다. 상소법원은 이를 소송을 초래할 수 있는 허위진술로 여겼다.

87. 거짓 홍보 관련의 경우, 일반적으로 실제 사람의 이름이나 사진의 무단 사용이 가상 인물의 경우보다 성공할 가능성이 있다고 볼 수 있다. Christopher Wadlow의 책 494쪽 참고.

88. Irvine 대 Talksport 간의 판례(2002, FSR 60) 참고. 이 사건에서, 원고 Irvine은 유명한 레이싱 선수였다. 피고 Talk Sports Limited(TSL)은 라디오 방송국이었으며, 이들은 FIA 포뮬러 원 그랑프리 월드 챔피언십을 포함한 유수의 스포츠 행사를 다룰 수 있는 권리를 가지고 있었다. 1999년 TSL은 홍보 캠페인에 착수했고, 캠페인 기간동안 Irvine이 페라리팀의 레이싱 장비를 입고 방송국의 로고가 확실히 드러난 작은 라디오를 그의 왼쪽귀에 대고 있는 Irvine의 사진을 사용했다. 몬테카를로 F1 그랑프리에서 우승자 연단에 서있는 Irvine의 사진 또한 사용되었다. Irvine의 허락 없이 이 사진들이 사용되었기 때문에, 그는 조작된 그의 사진을 담은 피고의 브로셔 배부가 소송을 초래할 수 있는 것이라고 주장하며 소송을 제기하였다. 이 사건에서 법원은, Irvine에게 손해배상으로 2만 5천 파운드를 명하였다.

89. 위와 동일한 판례 38 단락 참고

90. Lionel Bently의 책 705쪽 참고. 피고의 허위진술이 거지신지 결정할 때, 법원은 많은 요인을 참작하며, 이요인은 원고의 마크와 대중과의 관계의 강도, 피고의 마크의 유사성, 원고와 피고의 사업영역의 근접성, 시장의 특성, 피고의 의도, 권리 포기각서의 존재 그리고 마지막으로 피고가 상업활동을 통해 패러디나 풍자를 하려고 하였는지 아닌지를 포함한다.

91. 위와 동일한 페이지 참고.

92. 위와 동일한 책 707쪽 참고.

93. Christopher Wadlow의 책 6쪽 참고.

94. Lionel Bently의 책 707쪽 참고.

95. Christopher Wadlow의 책 7쪽 참고.

96. Lionel Bently의 책 718쪽 참고.

97. 예를 들어, ICC는 LG가 월드컵의 스폰서십 비용으로 지불한 3천만 달러의 20퍼센트를 돌려줘야 했다. 〈http://www.businessworldindia.com/innerSections.aspx?SectionId=382〉 참고.

98. Lionel Bently의 책 719쪽 참고.

99. 위와 동일한 페이지 참고.

100. 위와 동일한 책 720쪽 참고.

101. 위와 동일한 책 722쪽 참고.

102. 위와 동일한 페이지 참고.

103. Tattinger 대 Allbev 간의 판례 참고(1993, FSR, 641).

104. National Hockey League 대 Pepsi-Cola Canada Ltd 간의 판례 참고(1992, Carswell BC 215).

105. 위와 동일한 판례 28단락 참고.

106. 위와 동일한 판례 25단락 참고.

107. The New Zealand Olympic and Commonwealth Games Association Inc. 대 Telecom New Zealand Limited 간의 판례 참고(1996, FSR 757(New Zealand HC)). 이 사건의 자세한 내용은 2장에서 다루었다.

108. 이 결정을 할 때, 법원은 다섯개의 원의 사용이 엄밀하게는 없었으며, 보이는 곳에 원이라고는 없다는 것을 주시했다. 독자로 하여금 Telecom이 후원기업이거나 올림픽과 연관된 기업이라는 가정의 가능성이 없다고 보았다. 위와 동일한 판례 763 참고.

109. 위와 동일한 판례 765쪽 참고.

110. Arsenal Football Club 대 Reed 간의 판례 참고(2001, RPC, 46).

111. 위와 동일한 판례 25단락 참고.

112. 위와 동일한 판례 42단락 참고.

113. 위와 동일한 단락 참고.

114. 위와 동일한 단락 참고.

115. 위와 동일한 판례 43단락 참고.

116. 위와 동일한 판례 47단락 참고.

117. ICC Development(international) Ltd. 대 Arvee Enterprises and Anr. 간의 판례 참고(2003(26) PTC 245(Del)). 이 사건에 대한 사실은 2장에서 다루었다.

118. 위와 동일한 판례 9단락 참고.

119. 위와 동일한 단락 참고.

120. 위와 동일한 단락 참고.

121. 위와 동일한 판례 10단락 참고.

122. 위와 동일한 단락 참고.

123. 위와 동일한 판례 21단락 참고.

124. ICC Development(international) Ltd. 대 Ever Green Service Station 간의 판례(2003(26) PTC 229(Del)). 이 사건의 사실에 대해서는 2장에서 자세히 다루었다. 그러나, 저작권 침해 소송에 대한 기존의 논의에서도 볼 수 있듯이, 이 사건에서 행사 주최의 로고를 그대로 복사하였기 때문에 법원은 저작권 침해 주장을 지지했다.

AMBUSH Marketing

04

변화하는 시간과 변화하는 해결책

시드니 2000 게임 보호법 1996의 특징

이 법안이 시드니 올림픽에서 어떻게 작용하였는가?

런던 올림픽 및 장애인 올림픽 게임법 2006의 특징

개발도상국과 앰부시 마케팅 방지 노력

반 앰부시 마케팅 노력
– 인도의 관점

앰부시 마케팅에 대응하는 전통법의 효과에 대한 연구는 우리로 하여금 현실에 눈을 뜨게 한다. 비록 전통법은 몇몇 경우에는 유용했지만, 앰부시 마케팅에 관한 한 대부분 전혀 도움이 되지 못했다. 가장 큰 이유는 전통법은 앰부시 마케팅을 방지하기 위해 만들어지지 않았기 때문이다. 이러한 법들은 현재 다른 대응책이 없기 때문에 사용되고 있는 것이다. 늘어나는 앰부시 마케팅은 비효율적인 전통법으로 인해 배가하였고, 이는 전 세계의 행사 주최측과 후원자로 하여금 새로운 방안을 강구하게 만들었다. 그 결과 이러한 기생적인 문제를 겨냥한 행사특정법이 제정되었다.

오늘날 거의 모든 중요 행사 주최측은 행사에 관련된 모든 권리를 보호받을 수 있도록 추최국에 새로운 법안을 제정할 것을 요구한다.[1] 예를 들어 올림픽의 경우에는 주최측의 지적 재산과 올림픽 경기를 모든 측면에서 보호할 것을 주최국이 보장해야 한다. 호주는 '시드니 2000게임(표시와 이미지) 보호법령'을 제정하여 앰부시 마케팅에 대응했다. 영국은 올림픽 행사까지 기간이 많이 남았지만, 올림픽 게임과 관련한 재산권을 보호하기 위해 이미 '런던 올림픽 및 장애인 올림픽 게임 법령 2006'을 제정하였고, 이 법령은 2006년 3월 30일 영국 국왕의 재가를 받았다. 중국 또한 2008년 베이징 올림픽을 위해 올림픽 신볼 보호 규제법안을 제정함으로써 앰부시 마케팅 방지에 일조하였다. 여러 가지 이유로 위의 3가지 법령들이 선택 연구되었다.

시드니 2000 게임 보호법령 1996과 같은 법안은 행사 특정법안이 어떻게 작용했는지를 명확하게 보여준다. 반면, 런던 올림픽 및 장애인 올림픽 게임법령 2006은 행사 특정법의 발전 과정을 간략하게 보여준다. 또한 중국 법안의 연구는 위의 두 법안을 배경으로 이 문제에 대한 선진국과 개발도상국의 관점이 어떻게 다른지를 보여준다.

이 장의 첫 부분에서는 시드니 2000 게임보호법령 1996과 런던 올림픽 및 장애인 올림픽 게임법 2006을 자세히 살펴볼 것이며, 또한 2000 시드니 올림픽 동안 앰부시 마케팅에 얼마나 성공적으로 대응했는지를 분석할 것이다. 두 번째 부분은 개발도상국이 앰부시 마케팅을 어떤 시각에서 보고 또 이 문제에 어떻게 대응하였는가에 초점을 두고 다룰 것이다. 아울러 중국의 올림픽 심볼 보호 규제법안 2002를 다른 두 법령과 비교하여 분석하였다. Common Wealth Games 2010과 ICC Cricket World Cup 2011에서 인도가 어떻게 안티 앰부시 마케팅에 접근하였는지 또한 논의하고자 한다.

시드니 2000 게임 보호법 1996의 특징

시드니 2000 게임 보호법(표시와 이미지) 1996 (이하 '시드니 2000 게임 보호법')의 주요 목적은 2000 시드니 올림픽 및 장애인 올림픽과 관련한 표시와 이미지의 상업적 사용을 규제하는 것이다. 이 법안의 큰 특징은 특정 세트의 증인(證印)을 보호하기 위한 현존하는 지적 재산권을 확대하여 대신한 것이다.[2] 이 법안의 역사는 'Cashing in on the Sydney Olympic: 앰부시 마케팅으로부터의 시드니 올림픽 게임 보호'라는 의회 보고서에 기원한다.[3] 이 법령의 목적은 올림픽 고유의 마크와 이미지의 보호를 통해 라이선스 수입을 증가시키려는 것이었다.[4] 흥미로운 점은 이 법령이 호주대륙 내는 물론 주변 해상과 공중까지 적용된다는 것이다.[5] 이 넓은 적용범위는 제2장에서 봤듯이 헬리콥터, 열기구 등을 이용한 앰부시 마케팅에 적용된다고 이해해야 한다. 또한 호주는 최근에 새로운 법안을 제정하여 앰부시 마케팅의 심각함을 한층 덜어주었다. 이는 주요행사(공중 광고) 법령 2007이며, 호주의 주요 행사 중 공중광고를 규정, 관리, 통제하려는 목적으로 만들어졌다.[6]

시드니 2000 게임 보호법은 2000 게임 표시를 'Game City', 'Millennium Games', 'Sydney Games', 'Sydney 2000', 'Games', '2000' 또는 'Two Thousand'와 같은 두 단어의 조합으로 폭 넓게 정의했다.[7] 이 외에도 'Olympiad', 'Olympic', 'Share the Sprit', 'Summer Games' 'Team Millennium'과 '24th', 'Twenty-Fourth', 'XXIVth', 'Olympic'이나 'Games'와 같은 단어 및 구문 역시 보호하였다.[8]

또 이 법안은 두 목록을 만들었다. 목록 A에는 'Olympic'이나 'Olympian'과 같은 단어가 있고, 목록 B에는 'Bronze', 'Games', 'Gold', 'Green and Gold', 'Gold Medals', 'Millennium', 'Silver', 'Spirit', 'Sponsor', 'Summer', 'Sydney', 'Two Thousand'와 '2000' 등이 있다 목록 A와 목록 B의 어떤 조합이건 간에 그것은 시드니 2000 올림픽 게임표시 법령에 속한다.[9] 이런 넓은 범위의 법안은 앰부시 마케터들이 행사를 간접적으로 이용하는 것을 막기 위한 것이다. 시드니 2000 장애인 올림픽 게임 표기 역시 이와 비슷하게 결정되었다. 또한 게임과 관련된 이미지도 이와 비슷하게 법안이 제정되었다. 또한 그 법령은 시드니 2000

올림픽 게임 이미지 법안을 특정한 사람들에 한해 공연과 관련된 모든 시각적 혹은 청각적 효과를 포함시켜 광범위하게 정의하였다.[10] 따라서 만약 올림픽 게임과 관련된 인물이 광고에 출연했다면 그 광고는 법안의 범위에 들어가게 되는 것이다. 어떤 작가는 이 법안이 사용된 언어와 Symbolic Domain의 사용 제한을 너무 심하게 통제했다고 보았다.[11]

여기서 시드니 2000 게임의 표시와 이미지가 사용된 경우의 예를 보자. 법안은 특정 상황을 명시했지만 동시에 단지 그 상황에만 제한 되어서는 안 된다고 하였다. 법안에 의하면 시드니 2000 게임 표시와 이미지는 다음과 같은 경우 적용된다고 볼 수 있다. 1) 표시나 마크가 어떤 상품에 짜여있거나(woven), 찍혀있거나(impressed), 세공 되었거나(worked), 붙어 있거나 첨부되었을 경우(affixed or annexed). 2) 표시나 마크가 표기, 서류, 라벨, 릴에 적혀있거나 해당 물품이 무역을 통해 공급 또는 거래된 경우.[12]

시드니 2000 게임 표시와 이미지 법령이 상품과 서비스 모두에 적용된 경우는 다음과 같다. 1) 상품이나 서비스의 판촉을 위한 간판이나 광고 (TV 광고나 라디오 광고)에 쓰여진 경우나 2) 송장, 가격명세서, 카탈로그, 브로셔, 상업서한, 비즈니스 서류나 다른 광고 서류로 상품이나 서비스에 관련된 경우.[13] 법안은 또한 판매와 분배를 목적으로 수입할 시 이는 시드니 2000 게임 표시와 이미지 법령에 적용될 수 있음을 암시했다.

먼저 시드니 2000 게임 표시와 이미지 법안의 구성 내용을 정의한 후 이 법안에 적용될 수 있는 상황 등을 제시 또는 나열함으로써 2000 시드니 올림픽 게임에서 앰부시 마케팅을 봉쇄하고자 했다.

이 법안은 시드니올림픽조직위원회, 시드니장애인올림픽조직위원회, 라이선스 사용자 이외의 관계자들은 시드니 2000 게임표시와 이미지를 사용하지 못하도록 하였다.[14] 또한 평범한 사람이 분별할 수 없을 정도로 시드니 2000 게임 표시를 사용하는 것과 동일하다고 지적하였다.[15] 만일 독창적인 방법으로 'Olympic'이란 단어를 표현했는데 동시에 다른 사람으로 하여금 오해를 일으킬 만큼 비슷하다면 이것 또한 이 법안에 의해 위반이 되는 것이다.

해석의 명쾌함과 일관성을 위해 법안은 상업 목적 사용의 정의함에 있어 2000 게임 표시와 이미지를 상업목적으로 이용하는 인물을 예를 들어 설명했다. 만약 특정 인물의 표시나 이미지를 상품이나 서비스의 홍보 목적과 매출 증가를 위해 사용했다고 하자. 이것이 다른 이로 하여금 그 인물이 시드니올림픽조직위원회, 호주 올림픽위원회 또는 국제올림픽 위원회의 후원자이거나 허가를 받은 것으로 오해할 가능성이 있다면 이 역시 위반이다.[16]

이 법안은 SOCOG• 나 SPOC•• 에게 Sydney 2000 Games의 표시와 이미지 사용에 대한 라이선싱 권한을 부여했다.[17] 하지만 뉴스보도나 특정행사의 소개와 신문, 잡지, 정기간행물, 방송과 영화 등과 같이 정보전달이나 비평, 평론의 목적을 띈 표시와 이미지의 사용은 법안에서 제외[18]되었다.[19]

• SOCOG: Sydney Organising Committee for the Olympic Games(시드니 올림픽 조직위원회)
•• SPOC: Sydney Paralympics Organising Committee(시드니 장애인 올림픽 조직위원회)

법안이 주는 해결책

호주 입법부와 올림픽 위원회의 실용적 접근법은 법령에 포함된 해결 방안에서 꽤 분명히 드러난다. 이 법안 하에서는 SOCOG, SPOC나 라이선스 사용자 외 다른 이가 시드니 2000 게임 표시, 이미지를 사용할 시 해당 법정은 금지 명령을 내릴 수 있다.[20] 여기서 주목할 것은 보통 사람이 오해할 만큼 비슷한 표시나 이미지의 사용자에게도 사용 금지령을 내릴 수 있다는 것이다.[21] 이런 금지령은 SOCOG, SPOC나 라이선스 사용자가 신청할 수 있으며,[22] 신청한 금지령을 기다리는 동안 잠정 금지령 또한 발효된다.[23]

또한 이 법안은 SOCOG, SPOC나 라이선스 사용자의 경제적 손실을 줄이기 위해 손상이나 피해를 입힌 사람에게 손해배상을 받을 수 있도록 했다.[24] 예를 들면, 만약 American Express가 시드니 올림픽 도중 Visa를 상대로 앰부시 마케팅을 하였고 Visa가 이로 인한 손실을 증명할 수 있다면, 법정은 American Express로 하여금 Visa에게 손해배상을 할 것을 지시할 수 있다. 이런 보호법이 앰부시 마케터로 하여금 마케팅 활동을 시작하기 전에 한번 더 생각하게 한다.

입법부는 SOCOG, SPOC와 라이선스 사용자에게는 세관에 통지함으로써, 허가 없이 Sydney 2000 Games 표시나 이미지를 사용한 상업용도의 수입품을 거부할 수 있는 권한을 부여했으며, 세관에게는 그러한 물품을 몰수할 수 있는 권한을 주었다.[25] 법정에 의해 호주연방으로 몰수되는 경우, 이 물품들은 세관장의 지시에 따라 처리된다.[26]

이 법안에서 제시된 가장 흥미로운 해결책은 '정정광고' 조항이다.[27] SOCOG, SPOC가 신청하는 즉시 해당 법정은 법원 재량으로 Sydney 2000 Games 마크나 이미지의 상업적 무단 사용 여부를 판단하고, 무단사용 판결 시 광고주에게 적법한 방식으로 광고할 것을(방송 포함) 요구할 권한을 부여받으며 광고주는 법에 명시된 대로 본인이 비용을 부담하여 이를 이행해야 한다. 이 법안은 명백히 전세계의 앰부시 마케터에게 큰 위협이 되었다. 어떤 회사도 이런 정정 광고를 좋아하지 않는다. 이런 광고가 매체에 노출되면, 자신들의 평판과 브랜드 가치에 회복할 수 없는 손상을 입기 때문이다. 이 법안의 시행은 상표법이나 디자인법 같은 현존하는 법을 보충하기 위한 것일 뿐 대신하려는 것은 아니다. 따라서 현존법이 수여하는 권리나 책임은 행사 주최측과 스폰서들에게 여전히 유효하다.[28] 이는 등록된 상표를 이용한 앰부시 마케팅에 연루될 경우 이 법안뿐만 아니라 상표법에도 역시 적용된다는 것을 의미한다.

앰부시 마케팅에 대응하여 강경하게 대처하는 반면, 입법부는 근거 없는 법적 소송으로 고통받는 이는 SOCOG, SPOC나 라이선스 사용자에게 소송을 걸 수 있도록 하여 시스템의 균형을 꾀했다.[29]

이 법안이 시드니 올림픽에서 어떻게 작용하였는가?

좋은 법의 제정이 모든 문제의 해결책이 될 수 없으며, 적절한 법의 시행만이 문제를 처리할 수 있다. 경기의 행정과 실용적인 측면에 중점을 둔 올림픽 조정법령 2000과 시드니 2000 게임 법령의 시행은 앰부시 마케팅 방지에 매우 효과적이었다. 이것은 두 법안이 넓은 범위의 권리와 시나리오를 보호하며, 서로를 보완했기 때문이다.[30] 그 결과 많은 학자들은 시드니 올림픽의 앰부시 마케팅 대응 전략을 큰 성공 사례로 본다.[31] 또한 이 성공을 행사 관련 지적 재산의 잠재적 상업 이용의 증거라고 말한다.[32] 그러나 이러한 말들이 시드니 올림픽에 앰부시 마케팅이 없었다는 말은 아니다. 어떤 이들은 시드니 2000 법은 앰부시 마케팅의 포괄적 방지 목적을 이루지 못했다고 말한다.[33] Qantas 항공사와 Reebok의 사례는 이를 뒷받침한다.

흥미롭게도 시드니 올림픽 도중 실행한 설문조사 결과에서 대중이 실제 공식 후원사인 Ansett 항공사가 아닌 Qantas 사를 공식 후원사로 여긴다는 사실을 발견하였다.[34] 이 앰부시 마케팅은 Qantas 사가 만든 많은 운동선수가 출연하는 광고에서 비롯되었다. 또한 Qantas 는 '범호주 올림픽 세일'이라는 이름의 전면 광고를 게재하였는데, 그 곳에 단지 'Qantas는 올림픽 공식 후원사가 아닙니다'라는 작은 글씨의 문구만을 기재하였을 뿐이었다. Ansett 사는 Qantas 사의 이와 같은 앰부시 마케팅을 금지하도록 연방 법원에 요구했다. 그러나 이 소송은 몇 번의 청문회 후 법정 판결 없이 종결되었다. 대부분이 Qantas가 이 소송에서 이겼다고 본다. 이 소송에서 Qantas는 위반행위의 대중공표나 정정광고 지시를 받지 않았기 때문이다.[35] 시드니 올림픽의 또 다른 피해자는 나이키이다. 나이키는 호주 올림픽 팀의 공식 의복 공급자였다. 팀 멤버인 이안 소프는 경쟁사인 아디다스의 후원을 받았다. 메달 시상식 중 이 수영 선수는 타월을 목에 걸어 공식 선수복의 나이키 로고가 보이지 않게 되었다. 그 결과 호주 전 지역에서 보여진 그의 사진엔 나이키의 로고가 없었다. 여기서 흥미로운 것은 나이키 역시 똑 같은 방법의 앰부시 마케팅을 1992년 바르셀로나 올림픽 때 사용했는데 이것이 시드니에서 똑 같은 방법으로 되돌아 와 자업자득한 꼴이 되었다는 것이다.[36] 이안 소프와 아디다스는 이것이 고의적이 아니었다는 이유로 책임을 회피할 수 있었다. 그러나 이것은 새 법안의 허점을 보여주는 사례이다. 이런 작은 앰부시 마케팅이 시드니 올림픽에서 보여지긴 했지만, 앰부시 마

케터들에게 이 게임은 최악의 올림픽 그 자체였다.[37]

런던 올림픽 및 장애인 올림픽 게임법 2006의 특징

2006년 국왕의 승인을 받은 런던 올림픽 및 장애인 올림픽 게임법 2006(이후 런던 올림픽 게임법 2006) 역시 여기서 생각해 보아야 할 법안이다. 시드니 올림픽 경기 법과 마찬가지로 이 법안에서 올림픽 게임의 부드러운 진행을 위하여 앰부시 마케팅의 문제점을 자세히 다루고 있다. 6년이라는 꽤 긴 시간 후에 있을 행사와 관련한 앰부시 마케팅을 막으려는 이 노력은 세계가 직면한 앰부시 마케팅의 심각성을 보여준다.

이 법안으로 인해 ODA• 라는 법인체가 런던 올림픽을 위해 조직되었다.[38] 이 법의 제정으로 인해 광고 관련 규정 등이 엄밀히 조사되었고 국무장관은 올림픽 개최 예정지 부근에 광고 규정을 만드는 새로운 책임이 주어졌다.[39] 또 이러한 새로운 규정들은 장소나 기간 제한될 광고의 종류 등을 포함하여 규제의 성질이나 범위를 구체적으로 명시해야 한다.[40]

이 법안에 의하면 법령 19조의 광고 제한을 어겼을 경우 형사범죄에 속하며 최대 이만 파운드 이하의 벌금형에 처해질 수 있다.[41] 또한 ODA는 형사처벌 권한을 부여 받았다.[42] 형사책임을 피해갈 수 있는 단 하나의 변호는 위법행위를 피고가 인지하지 못하였거나 또는 이것을 막으려 최대한 노력하였음을 증명하는 것이다.[43]

• ODA: Olympic Delivery Authority

이러한 특징이 앰부시 마케팅을 다루는 현존하는 다른 법과 차별화 되는 점이며, 동시에 많은 학자들로부터 비판받는 점이기도 하다. 형사책임이 앰부시 마케팅의 '교묘한' 마케팅 기술로 인해 면책될 수 없다는 것이 학자들의 주장이다.

이 법안으로, ODA가 지정한 경찰은 규정에 위반되는 무허가 광고행위를 막기 위해어느 영지에라도 들어갈 수 있게 되었다. 흥미롭게도 만약 어떤 이가 광고법 위반으로 기소된다면, 그 사람은 ODA나 경찰당국의 비용까지 부담해야 한다.[44]

그러나 이 법조항을 넓은 의미에서 보면, 이 법조항에 상당한 힘이 있음을 알 수 있다. 광고 제한 구역이 아닐지라도, 광고 제한 구역으로 이미지를 노출한다면, 집행관은 들어갈 수 있는 권한을 가지게 된다. 물론 이는 그 영지가 광고 규정에 위배되게 사용될 경우에 적용된다.[45] 또한 이 법은 최신 멀티미디어 영사기술까지 다루는 미래지향성을 보여주었다. 집행관은 규정에 어긋나게 사용된 모든 장비를 압수할 권한을 가지게 된 것이다. 이는 증거 확보와 규정위반 방지의 목적을 가지고 있다.[46]

이 법안의 또 하나의 흥미로운 특징은 ODA가 이 규정에 영향을 받을 만한 사람들을 교육시키고 규제에 따르도록 도와줘야 할 의무를 가지는 것이다.[47] 현지 기획 당국 역시 광고 허가를 구하는 이들에게 이러한 광고 규정을 알릴 의무를 진다.[48] 이러한 의식 조성은 앰부시 마케팅을 민주적이고 또 효과적으로 막기 위한 가장 중요한 단계이다. 국무장관은 특별히 행사 개최 예정지 부근 행상에 관한 규정을 만들고 또 그 규정들이 고속도로나 공공장소 심지어 사유지에서도 지켜질 수 있도록 당부 받았다.[49] 그러나 주차장을 제외한 건물 안에서의 거래는 허가되었다. 광고 규정과 관련한 처벌, 집행권은 행상에게도 역시 적용된다.[50]

티켓 판매 역시 제한된다. 이 법령은 런던올림픽조직위원회의 서면허가 없이, 런던 올림픽 행사 티켓은 물론 티켓 역할을 하는 어떤 것이던 판매하는 것을 금지하였다.[51] 이를 위반할 시 최대 오천 파운드 이하의 벌금형에 처해진다.[52] 이 법은 티켓 판매의 범위를 매우 넓게 정의했다. 티켓 판매 제공이나 판매를 위한 의도적 노출, 티켓의 광고, 다른 상품이나 서비스와 함께 파는 행위 등은 모두 티켓 판매로 간주되었다.[53] 이 법안 하에서 이윤을 창출하거나 창출하고자 하는 행위는 장사를 하는 것으로 간주된다.[54] 이 부분은 제2장에서 보았던 것처럼 상품과 티켓을 같이 판매하는 형태의 앰부시 마케팅을 방지하기 위하여 특별히 포함되었다.[55]

인터넷이나 다른 전자 통신서비스 제공자가 자신의 서비스를 티켓 판매 수단으로 오용했을 때, 그 제공자는 빠른 시일 내에 서비스를 회수해야 한다. 위 경우에서 이 법안의 실용적 접근이 다시 한번 돋보인다.[56] 이 조항은 온라인 상의 앰부시 마케팅에 매우 효과적이다. 이와 같은 조항은 점점 증가하는 인터넷의 오용 사례에 비추어 볼 때 매우 큰 의미가 있다.

이 법안은 런던 올림픽과의 제휴를 할 수 있는 권리인 LOAR•을 도입했다.[57] 이 법안은 시드니 법과 마찬가지로 관련된 단어와 문장을 겨냥하고 있다. 이런 단어와 문장의 조합을 참고하여 법정은 LOAR의 위배 여부를 알 수 있다.[58] 다음과 같은 단어들의 조합이 보기가 될 수 있는데, 'Games', 'Two Thousand and Twelve', '2012', 'Twenty Twelve'와 단어 'Gold', 'Silver', 'Bronze', 'London', 'Medals', 'Sponsor', 'Summer' 등이다.[59]

여기서 끝이 아니라, 국무부 장관의 권한으로 이러한 표현들이 쓰

• LOAR: London Olympics Association Right (런던 올림픽 제휴권)

인 문구를 수정할 수 있다.[60] 일반 대중이 Olympic Games이나 Olympic Movement와 연관이 있다고 생각하면 LOAR에 의해 위배되며, 이는 꼭 위에 나열된 단어뿐만 아니라 일반 대중이 보기에 비슷하다고 여겨지는 단어 역시 포함된다.[61] 그러나 시드니 2000 게임법과 마찬가지로 이 법안 역시 예외가 있다. 올림픽 관련 행사, 경기정보에 관한 출판이나 방송 등이 제외 대상이다. 그리고 저작권, 디자인 및 특허법 1988의 제1부에 해당되는 문학작품, 연극작품, 미술작품, 음악, 영화 등의 출판이나 방송 역시 제외된다.[62] 시드니 2000법과 마찬가지로 영국 법 역시 런던올림픽조직위원회에게 자유롭게 행사에 참여할 권한을 부여한다.[63] 하지만 런던올림픽조직위원회는 행사 참여자의 공식기록을 관리할 의무 역시 진다.[64] 여기서 우리는 올림픽 관련 단어, 심볼, 모토의 보호가 늘어난 것을 볼 수 있다.[65] 이 법안으로 인해 1995년 OSPA• 위반자를 영장 없이 체포할 수 있게 되었고,[66] 세관입국 책임자는 OSPA 위반 상품의 반입 거부, 특별한 경우 압류 권한까지 가지게 되었다.[67] 이러한 모든 조치를 통해 볼 때, 이 포괄적인 법안 하나가 다양한 종류의 앰부시 마케팅을 겨냥하고 있다는 것을 알 수 있다.

이 법안은 시드니 2000 게임 법안의 진보된 버전으로 볼 수 있다. 앰부시 마케팅 행위에 형사책임을 묻게 만든 것은 전 세계 앰부시 마케터들에게 충격을 주었다. 그러나 2012 올림픽 게임 때 이 법안이 앰부시 마케팅을 얼마나 막을 수 있을지는 더 지켜보아야 한다.

• OSPA: Olympic Symbol Protection Act (올림픽 심볼 보호법)

개발도상국과 앰부시 마케팅 방지 노력

이 장의 처음에 다룬 두 가지 반 앰부시 마케팅 법안을 몇몇 학자들은 선진국의 자본주의적 관점에서 비롯된 기업의 권익보호로 여긴다. 그럼 여기서 개발도상국이 앰부시 마케팅 문제를 어떻게 받아들이고 대응하는지 살펴보자.

최근 경제대국으로 부상하고 있는 인도와 중국의 문제점들을 연구해보자. 중국은 의심의 여지가 없는 최고의 개발도상국이다. 중국은 초기에 자국산업을 개발할 당시 귀중한 지적 재산권에 마땅한 대우와 보호를 하지 않았다는 비난을 샀다. 하지만 근래의 분위기는 다르다. 중국은 이제 자국의 지적재산권 보호에 총력을 기울이며, 든든한 옹호자이기를 자처하고 있다. 2008년 북경올림픽에서도앰부시 마케팅에 대한 지대한 관심을 보여주었다.

인도 역시 2010년에 영 연방 게임이라는 주요 스포츠 행사를 개최하였다. 이와 같은 이유로 이 두 국가를 선택하여, 개발도상국으로서 앰부시 마케팅에 어떻게 대응하는지 비교 분석하도록 하겠다.[68]

중국은 2008년 베이징 올림픽 개최국으로서, 앰부시 마케팅 예방을 위해 많은 노력을 기울였다. 베이징 올림픽 위원회의 말을 들어보면, 선진국과 매우 비슷한 시각을 가지고 있는 것을 알 수 있다. 그들의 공식입장은, 게임을 재정적으로 지원하는 자만이 자사의 상품을 광고하여 상업적 이익을 극대화 할 수 있다는 것이다.[69] 중국은 올림픽 관련 지적재산권의 보호를 목적으로 하는 상세한 법안을 2002년 4월에 내놓았다.[70] 앞서 다룬 두 법안과 마찬가지로, 이 역시 앰부시 마케팅 문제를 포괄적으로 접근한다. 하지만 쓰여진 법안의 수가 적고 언어는 단순하여 읽는 이로 하여금 가이드라인인지 규정인지 혼동하게 한다.

이 법안의 세 가지 목적은 올림픽 심볼의 보호 강화, 올림픽 심볼 권리자의 이권과 법적 권리의 보호, 올림픽 운동의 품위 유지이다.[71] 시드니 2000 게임 법과 런던 올림픽 법과 마찬가지로 이 규정은 현존법을 보충하는 것이지 대신하는 것이 아니라고 명시한다.[72] 하지만 이 법안은 '올림픽 심볼'을 정의 하는 데 있어, 앞서 언급한 법안들과 차이가 있다. 시드니 2000 게임 법에서는 'Games City', 'Millennium Games', 'Sydney Games', 'Sydney 2000', 'Games', '2000', 'Two Thousand' 등과 같은 금지단어 목록을 제시함으로써 가장 포괄적으로 올림픽 심볼을 정의 하였고, 런던 올림픽 법의 경우는 'Games', 'Two Thousand and Twelve', '2012', 'Twenty Twelve', 'Gold', 'Silver', 'Bronze', 'London', 'Medal', 'Sponsor', 'Summer' 등과 같은 단어의 조합을 금하고 있다. 반면 중국은 단지 몇몇 한정된 상품에만 제한을 두어 소극적인 모습을 보였다.[73]

중국 규정에 의하면, 올림픽 심볼이란

(1) 오륜, 올림픽기, 올림픽 표어, 올림픽 엠블럼, IOC의 올림픽 주제가

(2) 올림픽, 올림피아드, 올림픽 게임 등과 같은 표현, 그리고 그것의 약자

(3) 중국 올림픽 위원회의 이름, 엠블럼과 심볼

(4) 베이징 2008 올림픽 게임 비드 위원회의 이름, 엠블럼과 심볼

(5) XXIX올림피아드 게임 베이징 조직위원회의 이름과 엠블럼, 마스코트, 주제가, 29th 올림픽 게임의 슬로건, '베이징 2008', 29th 올림픽 그리고 그것의 약자

(6) 2008년 XXIX올림피아드 게임 개최도시 계약서와 올림픽 헌장에 명시된 올림픽 관련 심볼 등이다.[74]

하지만 이러한 소극적인 접근이 다른 분야에서 유리하게 작용할 수도 있다. 중국 규정에 따르면, 올림픽 심볼은 권한자의 허가 없이 상업적 용도로 사용될 수 없다. 여기서 말하는 상업적 이용이란, 스폰서를 포함하여 올림픽 심볼 권한자와 관계가 있다고 여기게끔 대중을 오도시키는 것을 말한다.[75] 올림픽 심볼의 보호책임은 내각 하의 산업과 상업 행정 당국에 있다.[76] 이 규정으로 당국은 조사 수사를 할 수 있고 위배 물품을 압수할 권한을 가진다.[77] 이 규정은 특히 올림픽 관련 심볼 이용을 위한 라이선스 계약 체결의 필요성에 대해 언급하고 있는데,[78] 여기서 긍정적인 면은 당국이 차별화된 서비스 제공으로, 라이선스 발급에 걸리는 시간을 단축시켰다는 점이다.[79]

위반행위에 관하여는, 중국 규정은 앞서 말한 두 규정과 다른 태도를 취한다. 중국은 관련 당사자들이 합의로 문제를 마무리 짓기를 원한다.[80] 그러나 당사자들이 합의를 원하지 않는 경우나 합의에 도달하지 못했을 경우에 권한자가 소송을 제기하거나 산업행정당국에 처리해줄 것을 요청할 수 있다.[81]

상업 및 산업 행정당국이 위배의 증거를 찾았을 경우, 당국은 정지조치를 취하고, 위반물품과 해당 물품 제조장비는 압류 또는 폐기처분된다.[82] 위배행위로 불법소득이 생긴 경우 당국은 해당소득을 압수하고 최대 소득의 5배 이하의 벌금을 부과할 수 있으며,[83] 증거가 발견되지 않을 경우에는 최대 5만 위안 이하의 벌금을 위배자에게 부과할 수 있다.[84] 실제로 2004년과 2006년 사이에 행정당국은 195만 달러에 달하는 1,128건의 위배사건을 처리[85]했으며, 이 기간 동안 미화 116만 달러의 벌금이 부과되었다.[86] 당사자가 당국의 조치에 불응할 시에는, 행정당국은 인민 재판에 회부하여 강제 집행을 요구 할 수 있다.[87] 만약 당사사들이 원하면 행정당국이 올림픽 심볼 독점권리의 위배로 인한 손해

배상을 중재할 수 있다. 만약 합의가 되지 않았을 경우에는, 중화 인민 민법에 따라 인민재판에 소송을 회부할 수 있다. 하지만 이는 위배자들이 형사책임을 피할 수 있음을 의미하는 것은 아니다.[88]

다른 두 법안과 마찬가지로 중국 규정 역시 무역을 통한 위배가능성을 참작하여 중국 세관당국에 수사권한을 위임했다.[89]

이 법안의 또 다른 흥미로운 특징은 손해 배상액의 결정 방법이다. 규정에 의하면 손해배상액은 올림픽 심볼의 권한자가 위배행위로 인해 손해 본 액수 또는 위배자가 위배행위를 통해 취한 이득만큼의 금액이다.[90] 또한 손해 배상 액수는 위배 행위를 적발하기 위해 사용된 모든 지출을 포함한다.[91] 손해배상 액수를 정할 수 없는 경우에는, 올림픽 심볼의 라이선스 로열티가 손해 배상 액수가 된다.[92] 하지만 동시에 위배 상품인지 모르고 판매 했을 경우나 합법적으로 위배 상품을 구입했을 시에는 손해 배상을 하지 않아도 된다. 단, 진짜 공급자가 누구인지 밝혀야 한다.[93]

중국당국의 대처 중 한가지 매우 긍정적인 것은 일반 대중들에게 기념품을 공식 매장에서 구입해야 할 필요성을 일깨워주었다는 것이다.[94] 이러한 교육적 측면에서의 접근은 반 앰부시 마케팅 캠페인에서 분명히 중요한 요인으로 작용하고 있고, 이러한 시도는 매우 고무적이다.

반 앰부시 마케팅 노력
– 인도의 관점

활발한 지식기반 경제를 바탕으로, 인도 역시 지적 재산권의 가치를 인지하여 현재는 지적 재산권보호를 위해 가장 앞서가는 국가 중 하나이다. 인도 사법부 역시 긍정적인 접근을 지지한다. 그러나 이런 지적 재산권이 행사 관련 지적 재산권까지 포함하고 있는지를 먼저 확인할 필요가 있다. 인도는 최근 두 중요 경기를 주최하였나. 2010 영연방 게임과 2011 ICC크리켓 월드컵으로 영연방 게임은 단독개최, 크리켓 월드컵은 주변국과 공동개최 하였다. 이런 두 큰 행사를 위해 인도가 앰부시 마케팅에 어떻게 대응했는지 알아보는 것은 충분히 그만한 가치가 있을 것이다. 이전의 경우를 비추어볼 때, 입법부는 앰부시 마케팅문제에 별 관심이 없다는 것을 알 수 있다. 많은 주요 행사를 주최한 경험이 있지만, 인도의회는 앰부시 마케팅 문제에 관련된 법안을 아직까지 아무것도 통과시키지 않았다. 입법부의 이러한 행동은 2012 년의 행사를 미리 대비하는 영국과 많이 비교된다.

인도 사법부의 행동은 앰부시 마케팅의 문제에 무력함을 보여준다.

이러한 구체적인 법안 없이 인도는 현재까지 패싱오프, 상표법위반, 저작권침해와 같은 전통적인 법에 의존해왔다. 이 과정에서, 인도는 그러한 전통법으로는 앰부시 마케팅을 당해내기에 한계가 있음을 인지했다.[95] 앞에서 다룬 세가지 인도의 앰부시 마케팅관련 사건에서 보았듯이, 법정은 지적재산권법이 앰부시 마케팅 방지 용도로 만들어진 법이 아니라는 이유로, 대부분의 주장을 기각한다.[96] 더 위험한 것은, 법정이 패싱오프가 일종의 사기라고 판단했지만 실제 앰부시 마케팅은 행사를 이용한 기회주의적 상업차취라는 것이다.[97]

사법부는 앰부시 마케팅 문제점이 증가함을 인정했지만, 그 문제의 대책을 찾아야 하는 것은 입법부라는 입장이다.[98] 전 장에서 나눈 논의와 이 장에서 살펴본 행사특정법안을 통해 볼 때, 적절한 해결책은 행사특정법안일 것이다. 영연방 게임 개최를 대비하여 만들어진 새로운 법안은 없지만, 2011 ICC크리켓 월드컵의 경우, ICC가 행사 전까지 특정법안을 고안할 것을 요구하였다. 하지만 인도가 그 때까지 기다릴 것인가는 의문이다. 최근 유일하게 긍정적인 점은, 출판물과 전자 미디어를 통하여 앰부시 마케팅문제가 상당히 주목 받는다는 것이다.[99]

행사에 걸맞은 행사특정법안은 전세계의 주요행사를 인도에 유치하기 위해 필수적이다. 이러한 대규모 행사준비에 투자하는 이의 권익을 보호해주겠다는 자신감을 보여줄 때, 인도는 비로소 세계적 행사의 개최국이 될 수 있을 것이다. 인도는 호주, 영국, 중국의 법안에서 교훈을 얻어야 한다. 그리고 진정으로 인도인의 이익을 보호하는 민주적 행사특정법안의 길을 따라야 할 것이다.

NOTES

1. 예를 들어, 2006 런던 올림픽과 장애인 올림픽 게임 법은 2012년에 열릴 런던 올림픽을 위해 만들어졌다. 이 법에 대해서는 이 장에서 자세히 다루었다. 다른 예로 카리브 연안국가에서 열린 2007 ICC 크리켓 월드컵을 위해 만들어진 법을 들 수 있다. 공식적으로 ICC 크리켓 월드컵 서인도 제도 2007 법으로 알려진 새 법규는 앰부시 마케팅을 방지하고 성공적인 월드컵을 개최할 목적으로 만들어졌다. 고정된 기간 동안만 법전에 추가되었기 때문에 이 법안을 종종 소멸시효 법안이라고 부른다. 이 법안에 대한 자세한 내용은 〈http://www.icc-cricekt .com/icc-cwc/content/story/243734.html〉을 참고.
2. Graeme Orr의 『*Marketing Games: The Regulation of Olympic Indicia and Images in Australia*(마케팅 게임: 호주에서의 올림픽 인디시아와 이미지의 규정)』(EIPR 1997, 19(9), 504-8)
3. 위와 동일한 책 505쪽 참고.
4. 2000년 시드니 게임 법 1996 제3조 참고.
5. 2000년 시드니 게임 법 1996 제5조 참고.
6. 이 법은 온라인 사이트 〈http://www.austlii.edu.au/au/legis/vic/consol_act/meaa2007309/〉에서 볼 수 있다.
7. 2000년 시드니 게임 법 제8조 참고.
8. 이 단어들은 게임 법 제8조의 '2000년 시드니 올림픽 게임 인디시아' 정의에 구체적으로 포함되어 있다.
9. 위와 동일한 법 참고.
10. 2000년 시드니 게임 법 제9조 참고.
11. 자세한 내용은 Graeme Orr의 『*Marketing Games: The Regulation of Olympic Indicia and Images in Australia*(마케팅 게임: 호주에서의 올림픽 인디시아와 이미지의 규정)』 504쪽 참고.

12. 2000년 시드니 게임 법 제10(1)(a)조 참고.

13. 2000년 시드니 게임 법 제10(1)(b)조 참고.

14. 2000년 시드니 게임 법 제12조 참고.

15. 2000년 시드니 게임 법 제12(5)조 참고.

16. 2000년 시드니 게임 법 제11조 참고.

17. 2000년 시드니 게임 법 제14조와 제15조 참고.

18. 2000년 시드니 게임 법 제25조 참고.

19. 2000년 시드니 게임 법 제25(2)조 참고.

20. 2000년 시드니 게임 법 제43조 참고.

21. 2000년 시드니 게임 법 제43(9)조 참고.

22. 2000년 시드니 게임 법 제43(3)조 참고.

23. 2000년 시드니 게임 법 제44조 참고.

24. 2000년 시드니 게임 법 제46조 참고. 이 법의 정해진 시간 제한은 위배가 발생한 날부터 3년으로 정해졌다. 명령의 허가는 피해보상을 요구하기 위한 장애물이 아니라는 점에 주목해야 한다. 이 법의 목적을 위해 지정된 법원은 연방법원, 주 대법원, 호주 수도 특별지역의 대 법원, 북부 지역의 대법원과 Norfolk 섬의 대법원이다. 2000년 시드니 게임 법 제50조 참고.

25. 자세한 내용은 게임 법 제32조와 제33조 참고.

26. 2000년 시드니 게임 법 제38조 참고.

27. 2000년 시드니 게임 법 제45조 참고.

28. 2000년 시드니 게임 법 제24조 참고.

29. 2000년 시드니 게임 법 제48조 참고.

30. 자세한 내용은, Cristina Garrigues의 『*Ambush Marketing: Robbery or Smart Advertising*(앰부시 마케팅: 도적질인가 스마트한 광고인가)』 506쪽 참고.

31. 예를 들어, Mark Roper-Drimie의 『*Sydney 2000 Olympic Games – "The Worst Games Ever" for Ambush Marketers*(2000년 시드니 올림픽 게임 – 앰부시 마케터에게는 '최악의 게임')』 참고(Ent. L.R. 2001, 12(5), 150-3).

32. 시드니 라이선스 프로그램은 거의 미 5억 달러의 수익을 창출했다. Laura Misener의 『*Safeguarding the Olympic Insignia: Protecting the Commercial Integrity of the Canadian Olympic Association*(올림픽 휘장 보호: 캐나다 올림픽 협회의 완전함을 보호하기)』 참고(2003, 13 J. Legal Aspects Sport 79, 89).

33. 예를 들어, Murdoch University Electronic Journal of Law에서 출판한 Jeremy Curthoys와 Christopher N. Kendall의 『*Ambush Marketing and the Sydney 2000 Games(Indicia and Images) Protection Act: A Retrospective*(앰부시 마케팅과 2000년 시드니 게임 (인디시아와 이미지) 보호 법: 회고록)』 참고. 이는 온라인 사이트 〈http://www.murdoch.edu.au/elaw/issues/v8n2/kendall82.html〉에서도 확인 가능하다.

34. 위와 동일한 책 참고.

35. 위와 동일한 책 참고.

36. 1992년 바로셀로나 올림픽 기간 동안 Nike사에 의해 채택된 이 앰부시 마케팅 방법은 여러 가지 앰부시 마케팅 사례를 담고 있는 제2장에서 논의된다.

37. 시드니 올림픽 기간 동안의 2000년 시드니 게임 법의 효과에 대한 자세한 분석은, Mark Roper-Drimie의 『Sydney 2000 Olympic Games – "The Worst Games Ever" for Ambush Marketers (2000년 시드니 올림픽 게임 – 앰부시 마케터에게는 '최악의 게임')』 참고.

38. 런던 올림픽 게임과 장애인 올림픽 게임법 제3조 참고.

39. 런던 올림픽 게임과 장애인 올림픽 게임법 제19조 참고. 이 규정은 IOC에 의해 부과된 의무를 이행해야 한다. 구체적으로 개최도시계약은 경기를 둘러싸고 있는 텔레비전 카메라나 올림픽 경기를 보고 있는 관객의 시야 내에 있는 올림픽 경기장 주변에는 어떠한 광고도 있어서는 안됨을 피력한다. 런던 올림픽 게임과 장애인 올림픽 게임 법 2006에 대한 주석은 〈http://www.opsi.gov.uk/acts/en2006/06en12-a.thm〉에서 이용가능하다.

40. 규제의 틀은 2012년에 요구사항을 고려하여 초안을 작성하기 위해 보조 법에 남아 있다. 앰부시 마케팅 사례가 매년 정교해지고 있기 때문에 보조법이 변경된 요구사항을 충족하는 한, 이는 앰부시 마케팅에 대항해 선전할 수 있을 지도 모른다.

41. 런던 올림픽 법 제21조 참고.

42. 런던 올림픽 법 제23(4)조 참고.

43. 런던 올림픽 법 제21(2)조 참고.

44. 런던 올림픽 법 제21(4)조 참고.

45. 런던 올림픽 게임과 장애인 올림픽 게임 법에 대한 설명은 온라인 사이트 〈http://www.opsi.gov.uk/acts/en2006/06en12-a.htm〉에서 볼 수 있다.

46. 런던 올림픽 법 제22(5)조 참고.

47. 런던 올림픽 법 제23(3)조 참고. 이는 ODA의 의무에 대해서 다루고 있다.

48. 런던 올림픽 법 제24조 참고.

49. 런던 올림픽 법 제25조 참고.

50. 런던 올림픽 법 제27조 참고. 길거리 거래에 대한 규정위반은 최대 2만 파운드의 벌금으로 형사처벌 된다.

51. 런던 올림픽 법 제31조 참고.

52. 위와 동일한 법 참고.

53. 런던 올림픽 법 제31(2)(b) 참고.

54. 런던 올림픽 법 제31(2)(c) 참고.

55. 이에 대한 가장 좋은 예는 2장과 3장에서 다룬 ICC Development(International) Ltd. 대 Arvee Enterprises and Anr. 간의 판례와 ICC development(International) Ltd 대 Ever Green Service Station 간의 판례다.

56. 런던 올림픽 법 제31(5)조 참고.

57. 런던 올림픽 법 제4별표와 함께 제33조 참고.

58. 런던 올림픽 법 제4별표 3단락 참고.

59. 위와 동일한 단락 참고.

60. 런던 올림픽 법 제4별표 3(6)단락.

61. 런던 올림픽 법 제3별표 3단락.

62. 런던 올림픽 법 제4별표 3단락.

63. 런던 올림픽 법 제4별표 4단락.

64. 런던 올림픽 법 제4별표 5단락.

65. 런던 올림픽 법 제3별표와 함께 제32조 참고.

66. 런던 올림픽 법 제3별표 13단락.

67. 런던 올림픽 법 제3별표 14단락.

68. 예를 들어, 최근 통계는 국가공상행정관리총국(SAIC)는 2001년 이래로 1,93,332개의 상표 침해 사건을 다루고 있다. 〈http://news.xinhuanet.com/english/2007-06/14/content_6242374.htm〉 참고

69. China Daily에 인용된 Chen Feng의 『*BOCOG* 마케팅 디렉터』 참고. 이는 〈www.chinadaily.com.추/2008/2007-05/13/content_893703.htm〉에서 확인 가능하다.

70. 이 규정은 2002년 1월 30일에 열린 국무원의 54 간부회의에서 채택되었고, 2002년 2월 4일에 중화 인민 공화국 국무원 칙령 제345에 의해 공포되었다. 이 법안은 2002년 4월 1일에 발효 되었다. 법안의 복사본은 온라인 사이트 〈http://

en.beijing2008.cn/98/69/article211986998.shtml〉에서 이용 가능하다.

71. 올림픽 관련 지적재산권 보호 규정 제1조항 참고.

72. 올림픽 관련 지적재산권 보호 규정 제14조항 참고. 이 조항은 올림픽 심볼은 중화 인민 공화국 저작권법, 중화 인민 공화국 상표법, 중국 인민 공화국 특허법 그리고 특수한 상징(심볼)의 관리 법과 같은 법률 조항과 행성 법규에 따라 보호되어야 함을 언급한다.

73. 2000년 시드니 게임 법 제8조, 런던 올림픽 법 제4별표 3단락과 중국 규제법의 비교분석은 이 문제를 강조한다.

74. 중국 규제법 제2조항 참고.

75. 중국 규제법 제4조항과 5(6)조항 참고.

- 제4조항: 권리자는 이 법안에 근거하여 올림픽 심볼의 독점권리를 누릴 수 있다. 그 누구도 권리자의 허가 없이 상업적 목적(잠재적인 상업적 목적과 이와 동일한 것을 포함한)을 위해 올림픽 심볼을 사용해선 안 된다.
- 제5조항: 이 법안의 목적에 있어서, '상업적 목적으로 사용'은 다음과 같은 방법으로 영리의 목적으로 올림픽 심볼을 사용함을 의미한다:

(1) 제품, 제품의 포장이나 용기 혹은 제품의 무역 서류에서 올림픽 심볼 사용.

(2) 서비스 시 올림픽 심볼 사용.

(3) 광고, 상업적 전시회, 영리적인 행위와 다른 상업적 활동에서 올림픽 심볼 사용.

(4) 올림픽 심볼을 담고 있는 상품 판매, 수입/수출.

(5) 올림픽 심볼 제조나 판매.

(6) 사람들로 하여금 (올림픽 심볼 상업적)이용자와 올림픽 심볼 권리자 사이에 스폰서십이나 다른 지지관계가 있는 것으로 오해하도록 하는 기타 행위.

76. 중국 규제법 제6조항 참고.

77. 중국 규제법 제11조항 참고. 당국에 의해 확립된 실제 힘에 대해서는, 해당 법률 제11조항과 제6조항 참고.

78. 다른 반 앰부시 마케팅법과는 다르게, 이 법은 이 점에 대해 자세히 다룬다. 대중에게 명확하게 전달하기 위하여, 이 법은 경기와 관련된 다른 심볼의 사용을 위한 계약을 해야 할 대상에 대해서 자세히 말하고 있다. 이 규정에 따르면, 다섯 개의 올림픽 링, 올림픽 기, 올림픽 모토, 올림픽 엠블램, IOC의 올림픽 노래 그리고 올림픽, 올림피아드, 올림픽 게임과 이것들의 축약형과 같은 표현을 사용하고 싶은 모든 이는 국제 올림픽 위원회와 이에 권한을 부여 받거나 승인 받은 기관과 계

약을 체결해야 한다 중국 올림픽 위원회의 이름, 엠블램 그리고 심볼을 사용하길 희망하는 모든 이는 중국 올림픽 위원회와 계약을 체결해야 한다. 2008년 베이징 올림픽 유치 위원회의 이름, 앰블램, 심볼과 24회 베이징 올림피아드 대회 조직 위원회의 이름과 앰블램과 같은 심볼, 29번째 올림픽 게임의 마스코트, 노래, 슬로건 '베이징 2008', 29회 올림픽 게임과 이와 관련된 약어와 다른 심을 사용하고 싶은 모든 이는 올림픽헌장과 개최 도시 계약에 의거하여 2008년 12월 31일 전에 베이징조직위원회와 계약을 체결해야 한다. 라이센스 계약은 특히 지리적 영역과 심볼의 허가된 사용 기간에 대한 언급을 요한다. 중국 규제법 제8조항 참고

79. 조직 위원회는 BOCOG(북경올림픽위원회)에 제출된 신청서에 빠르게 답할 수 있도록 하기 위해 2007년 2월에 새로운 승인제도를 실행했다. 조직위원회는 스폰서십 과정을 용이하게 하기 위하여 많은 노력을 했다. 〈http://english.ipr.gov.cn/ipr/en/info/Article.jsp?a_no=55149&col_no=926&dir=200702〉 참고.
80. 중국 규제법 제10조항 참고.
81. 중국 규제법 제10조항 참고.
82. 중국 규제법 제10조항 참고.
83. 중국 규제법 제10조항 참고.
84. 중국 규제법 제10조항 참고.
85. 위와 동일한 사이트 참고.
86. 위와 동일한 사이트 참고.
87. 이러한 상황에서, 관련 당사자는 중화 인민공화국의 행정 절차 법을 따라 처분 통지를 받은 날로부터 15일 이내에 인민법원에 소송을 제기할 수 있는 권리를 부여받으며 위반자가 법적 소송을 제기하는데 실패하거나 시간 제약(15일)의 만기일 이내에 이행하지 못하지 못할 때만, 법원은 강제집행을 적용한다. 중국 규제법 제10조항 참고.
88. 중국 규제법 제10조항 참고.
89. 중국 규제법 제12조항 참고. 이 법규에 따르면, 제품의 수입 혹은 수출이 올림픽 심볼의 독점적 권리를 침해하는 것으로 여겨지는 상황에서, 세관은 중화 인민 공화국의 세관법과 중화 인민 공화국의 지적 재산의 세관 보호 법이 권한과 절차에 의해, 사건을 조사하고 다뤄야 한다. 2000년 시드니 게임 법에서 유사한 법령을 찾아 볼 수 있다. 2000년 시드니 게임 법의 제32조와 33조항은 그러한 문제를 다루었으며, 이 조항들은 세관의 중역이 그러한 제품을 몰수할 수 있는 권한을 부여한다. 또한 런던 올림픽 법 별표 3 14단락을 참고하라. 여기에서는 OSPA의 위배 제품의 영국령 반입을 막는 데 있어 HMRC 사무관의 힘에 대해 기술하고 있

다. 2005년 4월, 베이징 세관은 베이징 세관은 권한 없이 '베이징 2008'이라는 단어와 '춤추는 베이징'이라는 중국 인장을 사용했기 때문에, 이러한 법령 절차에 의거하여 약 26상자의 담배를 압수하였다. 〈www.ipr.gov.cn/ipr/en/info/Article.jsp?a_no=6309&col_no=926&dir=200606〉 참고.

90. 중국 규제법 제13조항 참고.

91. 중국 규제법 제13조항 참고.

92. 중국 규제법 제13조항 참고.

93. 중국 규제법 제13조항 참고.

94. 예를 들어, 〈www.ipr.gov.cn/ipr/en/info/Articl.jsp?a_no=10472&col_no=99&dir=200608〉 참고. 〈www.ipr.gov.cn/en/info/Article.jsp?a_no=8861&col_no=99&dir=200607〉과 〈http://english.ipr.gov.cn/ipr/en/info/Article.jsp?a_no=3004&col_no=893&dir=200604〉 참고.

95. 2장과 3장에서 자세히 다룬, ICC Development(International) Ltd. 대 Arvee Enterprises and Anr. 간의 판례(2003(26) PTC 245(Del), 10단락)와 ICC development(International) Ltd 내 Ever Green Service Station 간의 판례(2003(26) PTC 228(Del)) 참고.

96. 2장과 3장에서 자세히 다룬, ICC Development(International) Ltd. 대 Arvee Enterprises and Anr. 간의 판례(2003(26) PTC 245(Del))에서 원고는 사기통용 행위에 중점을 두고 주장을 펼쳤다. ICC development(International) Ltd 대 Ever Green Service Station 간의 판례 (2003(26) PTC 228(Del))에, 원고는 사기통용 행각과 저작권 침해 모두에 중점을 두었다. 이 사건에서, 법원은 사기통용에 대한 주장을 기각하였으나, 직접적인 침해가 있었기 때문에 저작권 침해 주장을 인정했다. 세 번째는 법원 밖에서 합의되었다.

97. ICC Development(International) Ltd. 대 Arvee Enterprises and Anr. 간의 판례 참고(2003(26) PTC 245(Del), 10단락).

98. 위와 동일한 판례 참고.

99. 예를 들어, 2007년 ICC 크리켓 월드컵 동안 Sachin Tendulkar이 출현한 광고를 두고 Reliance Telecom과 Hutch Telecom 사이에 벌어진 분쟁과 관련된 앰부시 마케팅을 언론이 주목하는 것을 보라. Hutch는 공식 스폰서 중 하나였다. ICC의 반 앰부시마케팅 노력에도 불구하고, Sachin Tendulkar는 월드컵 동안 Reliance Telecommunication의 광고에 출현했다. Hutch는 이 문제를 ICC에 제기 하였고, 아마 ICC는 Hutch사가 스폰서십의 독점을 누리지 못한 것에 대해 적어도 스폰서십의 일정 금액을 Hutch사에게 돌려줘야 할 것이다. 인도 언론, 특히 파이낸셜 삽

지와 신문은 이 분쟁을 자세히 알아보았다. 스폰서십과 행사의 것은 맥락상 전혀 다르지만, 앰부시 마케팅이 인도 국내선 분야의 주요 회사이자 이 분야에 최근에 진출한 Kingfisher 항공사의 최근 광고 캠페인을 강조할 때, 인도 언론은 '앰부시 마케팅'이라는 용어를 꽤 대중적으로 만들었다. 브랜드 리프레싱 프로그램의 일환으로써, 인도 항공 부문의 또 하나의 주요 회사인 Jet Airways는 광고판을 포함한 다양한 매체에 '우리는 변했습니다'라는 문구의 광고 시리즈를 발표했다. 하지만, 같은 것을 활용하여, Kingfisher Airlines은 Jet사의 '우리는 변했습니다'라는 문구의 광고에 대항하여 '우리는 그들을 변하게 하였습니다' 라는 문구의 광고를 발표했다. 이 광고판들의 사진은 나란히 설치되었고 인도 언론에 의해서 세계로 퍼졌다. 인도언론은 이 때 '앰부시 마케팅'이라는 문구를 붙여 방영하였으며, 이는 '앰부시 마케팅'이라는 용어가 광범위한 대중에 전달될 수 있도록 공헌했다.

AMBUSH Marketing

05

반 앰부시 마케팅의 경계: 헌법과 경쟁법의 역할

광고 규제의 합헌성

반 앰부시 마케팅 방법과 경쟁법

반 앰부시 마케팅 활동의 반 경쟁적 성격

앰부시 마케팅 관련 제재와 이벤트 주최자들에 의한 지배적 지위의 오용 문제

3장에서 앰부시 마케팅에 대항하는 전통적인 법적 조치의 적합성이 복잡한 앰부시 마케팅 활동들과의 싸움에서 심각한 한계를 드러낸다는 것을 논의했다면, 4장에서는 앰부시 마케팅에 대항하는 행사특정 법률 활용의 현대적 접근을 다루었다. 또한 선진국과 개발도상국 모두에서, 각각 다른 경제적, 사회적 상황에 상관없이 행사특정 법률을 수용하는 것에 대해서도 설명했다. 행사특정 법률은 앰부시 마케팅에 위협이 된다는 면에서는 성공적이긴 했으나, 심각한 사회적 문제 또한 가져왔다.

행사특정 법률에 대한 주요 반대 주장은 공공 영역인 심볼과 단어에 대해서 불필요하거나 부당한 제한을 둔다는 것이다. 예를 들면, 시드니 2000 게임 보호법은 '게임시티', '시드니2000', '동', '게임', '금', '그린과 금', '메달', '밀레니엄', '은', '정신', '스폰서', '여름', '시드니', '2000', '올림피언', '올림픽' 등과 같은 일반적인 단어들을 제한했다. 시드니 2000 게임 보호법은 또한 '정신을 공유하다', '여름 게임', '팀 밀레니엄'과 같은 많은 일반 구절에 대해서도 제한을 두었다. 이러한 단어들은 일반 대중이 평상시에 쓰는 말이다. 심볼이나 단어들이 광범위하게 쓰이는 상황에서, 그러한 심볼이나 단어의 제한은 일반인들에게 큰 불안감을 조성할 수 있다. 예를 들면, 만약 P.T.Usha와 같은 전 메달 수상자가 시드니 올림픽 기간에 그녀를 '금메달리스트'라고 소개한 책자로 어떤 체육 학교를 홍보한다면, 그리고 만약 그것이 그녀의 2000년 게임과 관련되어있다는 것을 암시하도록 쓰여있다면, 그녀는 시드니 2000 게임 보호법의 조항을 위반한 것이 된다. 이처럼 행사특정 법률이 엄격하게 시행된다면, 개별 선수들이 그들의 성공을 활용할 자유를 제한하게 될 것이다. 선수들이 가장 위대한 성공을 통해 시장성을 누리는 순간에 그 영광을 활용하지 못한다면, 이는 선수들과 그들의 스폰서들에게 불공정할 것이다.[1] 또 다른 주요 반대 주장은 이러한 행사특정 법률은 올림픽과 같은 이벤트의 근본적인 목적인 운동선수와 스포츠를 발전시킨다는 취지에 어긋날 수 있다는 것이다.

런던 올림픽 법에서 보았듯이, 앰부시 마케팅 관례에 대한 형사법적 책임 전가도 논란의 여지가 있다. 상당수의 대중이 앰부시 마케팅을 단순히 이벤트 주최측의 눈에 띄지 않는 공간에서 제공하는 창의적인 광고라고 생각한다면 형사법적 책임을 무는 것은 전적으로 부당하다. 더불어 행사특정 법률이 사람들이 소비재를 선택할 권리에 미치는 영향을 고려해보자. 이벤트 주최측이 일반 관중에게 이벤트 장소 입구에서 비 스폰서의 음료수 병이나 비 스폰서의 로고가 그려진 티셔츠를 두고 가도록 강요한다면, 개인의 자유와 소비자의 선택권에 대한 심각한 문제가 일어날 것이다.

이 장에서는 이러한 행사특정 법률들을 비난하는 몇몇 주장들에 대해 알아볼 것이다. 이것은 주로 헌법에서 보장하는 발언과 표현의 자유에 의거하여 법령의 부수적인 효과를 검토해 볼 것이다. 이 장의 첫 부분에서는 광고 규제에 대한 합헌성을 검토하여 광고가 '상업적 내용'을 담고 있는지, 앰부시 마케팅 광고는 보호 범위에 속하는지에 대하여 논의할 것이다. 이 장의 두 번째 부분에서는 완전히 다른 관점에서 접근하고자 한다. 이 부분에서는 반 앰부시 마케팅 활동과 경쟁법이 접점을 가지는 영역을 분석해보려 한다. 이러한 맥락에서 분석해보면, 반경쟁적 분위기의 조성 속에서 행사특정 법률의 입법 가능성은 큰 이슈가 될 수 있다. 그리고 반 앰부시 마케팅 활동이라는 명목 하에 노골적으로 사행되는 지배적 위치의 오용이 일어나는지에 대해서 검토할 것이다.

광고 규제의 합헌성

발언과 표현의 자유는 전 세계 모든 국가의 헌법에서 보장하는 가장 중요한 기본권 중 하나이다. 예를 들면, 인도에서는 헌법 제19조 1-a항에서 발언과 표현의 자유를 보장한다. 인도 사법부는 여러 소송을 통해 광고가 이러한 개괄적인 보호의 범주 안에 들었는지 여부를 상세히 검토하였다. 이와 관련된 주요 인도 소송 중 하나는 Tata Press Ltd. 대 Mahanagar Telephone Nigam Limited 소송이다.[2] 비록 이 소송의 판결이 앰부시 마케팅에 대한 논의와 무관하더라도, 여기에서 핵심적인 이슈는 단순한 '상업적 광고'가 인도 헌법 제19조 1-a 항에서 보장된 '발언과 표현의 자유'의 범주에 포함되는지에 관한 것이다.[3]

이 소송에서 항소인의 변호사 측 주요 주장은 '상업적 언론'은 헌법 제19조 1-a항과 19-2항에 의해 보호받는다는 것이었다. 이 주장에 대해서 피고인 측은 순수한 상업적 광고는 사업이나 상업의 발전을 위한 것이며 이러한 것은 발언과 표현의 자유 개념 외적인 것이라고 반박했다. 이 특징적인 소송에서, 법원은 기업이 발표한 평범한 '상업적 언론'은 헌법 제19조 1-a항에 의거한 보호를 거부할 수 없다고 판단했다.[4] 이 소송에서 우리는 법원이 광고를 경제 시스템의 기초로, 그리고 자유 미디어의 활력소로 여기고 있다고 볼 수 있다.[5]

법원에 의하면, '상업적 언론'으로서의 광고는 두 가지 측면이 있다.[6] 광고는 상업적인 과정일 뿐만 아니라, 광고 상품에 대한 정보를 제공하기 위한 방법이기도 하다. 법원은 대중이 광고를 통해 만들어진 정보의 혜택을 누린다는 사실을 고려했다. 법원은 민주주의 경제에서 상업 정보의 자유로운 흐름은 필수적이며, 전체 대중이 광고로 전파된 정보로 교육받지 않는다면 경제적 마케팅은 불가능하다는 점을 지적했다.[7]

이 소송에서, '상업적 언론'의 자유가 없다면 민주주의의 경제 시스템에 어려움이 있을 것이라는 대법원의 의견은 흥미롭다.[8] 이 의견을 토대로 법원은 전체 대중에게는 '상업적 언론'을 받을 권리가 있으며 헌법 제19조 1-2a항은 발언과 표현의 자유뿐만 아니라 개인이 발언을 듣고, 읽고, 받아들일 권리 또한 보호해야 한다는 결론을 내렸다. 수많은 광고들은 대중이 행사특정 법령의 제한이 없을 때 받아들여지는데 행사특정 법률은 이 같은 수많은 광고들을 사라지게 하고 있기 때문에, 이 최종 소견은 행사특정 법률의 도입 제한의 합헌성에 대해 의견을 도출하는 데 있어서 대단히 중요한 가치가 있다.[9]

대법원은 Hindustan Times 대 State of UP 소송에서 또다시 광고의 중요성을 강조했다.[10] 이 소송에서 우리는 법원이 어느 정도 독단적으로 직접적인 혹은 간접적인 광고에 영향을 미치는 정부의 행동을 막는 것을 볼 수 있다.[11] 비슷한 접근은 Sakal Papers(P) Ltd. 대 Union of India 소송에서도 볼 수 있다.[12] 이 소송에서 법원은 법에 따른 신문의 광고 공간에 대한 제한이 헌법 제19조 1-a항에서 보장하는 발언과 표현의 자유에 대한 권리와 직접적으로 충돌된다는 의견을 보였다.[13]

미국의 법원 또한 광고에 대해서 비슷한 접근을 취했다. 수정헌법

제1조에 의하여, 우리는 그 어떤 불법 행위와도 관련되지 않는 상업적인 언론은 국가에 의해 모두 보호받는다는 것을 볼 수 있다. 미국에서의 상업적 언론 보호의 역사를 볼 때, 법원은 처음에 '상업적 언론'은 보호받을 자격이 전혀 없다고 판단하였다.[14] 법원은 국가 행정권을 통한 억압의 이익보다 상업적 언론의 자유로운 활동을 통한 이익이 더 크고, 상업적 언론이 충분히 공익적 내용을 포함하는지 아닌지를 알아내는 데 저울질하였다.[15] 그러나 이후에 우리는 법원이 진실되고 오해 없는 상업적 언론은 완벽하게 수정헌법 제1조에 적용된다는 입장으로 전환한 것을 볼 수 있다.[16]

이러한 미국 사법부의 접근 전환은 법원이 Virginia State Board of Pharmacy 내 Virginia Citizens Consumer Council, Inc. 소송에 대해 판결 내렸을 때부터이다.[17] 기존 관점과 반대로, 미국 대법원은 사회가 상업적인 정보의 자유로운 흐름으로 큰 이익을 얻을 수 있다는 급진적인 견해를 보였으며, 비록 개별 광고는 전적으로 '상업적'일지라도 광고가 일반 대중의 이익이 될 수도 있다는 점을 지적했다.[18] 법원은 광고가 천박하고 과도할지는 몰라도, 누가 어떤 물건을, 어떤 이유로, 얼마에 만들어내고 판매하는지에 관한 정보를 전파하는 기능을 더욱 명백히 지지했다. 대법원의 입장은 미국이 강력한 자유 기업 경제를 유지하는 한, 자원 분배의 대부분은 수많은 개인의 경제적 결정을 통해 이뤄질 것이며, 그러한 결정이 전체적으로 지적이고 제대로 정보에 근거된 것이라면 이는 공익의 문제라는 것이다. 결국, 대법원은 자유로운 상업적 정보를 필수불가결한 것으로 참작했다.[19] 따라서 이 소송은 광고 보호의 역사에서 전환점이라 할 수 있으며, 나중에 이 접근은 Bates 대 State Bar of Arizona와 같은 소송에서도 볼 수 있다.[20]

행사특정 법률을 적용한 규제의 합헌성을 논할 때 눈여겨 봐야 할 미국 내 소송은 Central Hudson Gas & Electric Corporation 대 뉴욕 주 공공서비스 위원회 사건이다.[21] 이 소송에서는, 뉴욕 주 공공서비스 위원회가 만든 전력 사용 촉진 광고를 전부 금지하는 규제가 합헌적인지에 대한 문제가 제기되었다. 이 소송에서 법원은 광고가 관련 사실에 관한 완전하지 않은 부분적인 견해만을 전한다 하더라도, 수정헌법 1조에 의해서, 약간의 명확한 정보가 있으면 정보가 전혀 없는 것보다 낫다는 견해를 보였다.[22] 법원은 상업적인 언론에 대한 수정헌법 제1조가 광고의 정보전달적 기능에 초점을 맞춘다고 판단했다.[23] 하지만 이와 동시에, 정보를 제공하기보다는 대중을 기만하려는 의사소통 방식이나 상업적 언론이 불법적인 행동과 관련되어 있을 때 정부가 이를 금지할 것이라는 법원의 소견을 이해하는 것은 중요하다.[24]

이 소송에서 법원은 상업적 언론에 대한 규제의 허용여부를 결정하는 것을 돕는 4단계의 분석법을 제시한다.[25] 첫 번째 단계는 그 표현이 수정헌법 제1조의 보호를 받는지 여부를 알아내는 것이다. 상업적 언론이 수정헌법 제1조의 범위 안에 들기 위해서는 합법적인 행동과 관계 있어야 하며 오해의 소지가 없어야 한다. 두 번째 단계에서는, 정부의 이익이 많은가에 대한 질문에 답해야 한다. 만약 이 두 질문에서 긍정적인 답변을 얻는다면, 그 규제가 직접적으로 정부의 이익을 증진시키는가라는 세 번째 질문을 해야 한다. 마지막으로, 이익을 제공하는 데 필요한 정도 이상으로 규제가 광범위하지 않다는 것이 보장되어야만 한다.[26] 흔히 Central Hudson Test라고 불리는 이 테스트는 미국에서 광고주들의 이익을 보호하는 주요한 역할을 수행해왔다.

이 두 소송에서 상업적 언론으로서의 광고는 보호받을 수 있는가의 질문에 대하여 광고는 '상업적 언론'으로 보호를 받는다는 결론이 도출된다. 이제 두 번째 의문이 제기된다. 두 번째 질문은 앰부시 마케터들과 연관된 광고 종류가 보호 범주에 포함되는가 하는 것이다.

인도와 미국처럼 거의 대부분의 모든 사법부가 '상업적 언론'을 보호하긴 하지만, 상업적 언론의 자유에 대해 적당한 규제를 가하기도 한다. 예를 들면 인도의 경우에, 우리는 인도 의회가 헌법 제19조 2항을 통해서 헌법 제19조 1-a항에 의해 보장되는 기본권에 어떤 제한을 가하는 것을 볼 수 있다. 비록 인도에서 '상업적 언론'이 보호받을지라도, 기만적이고 불공정하고 오해의 소지가 있으며 허위적인 상업적 언론은 헌법 제19조 2항에 의거하여 제재를 받을 것이며, 정부에 의해 규제 혹은 금지 될 수 있다.[27]

비슷한 접근은 미국에서도 볼 수 있다. 미국 법률은 역사적으로 상업적 언론을 가치 있다고 인정했지만, 허위광고의 보호까지는 포함하지 않는다.[28] 그것은 상업적 언론 보호의 영역을 확대하면서, 특정한 상황하에서는 합당한 규제를 허락함으로써 균형을 유지한다.[29] Bates 대 State Bar of Arizona[30]와 Electric Corporation 대 Public Service Commission of New York 과 같은 소송[31]에서 우리는 법원이 정부에서 정보제공을 하기보다는 대중을 속이려 하는 의사소통 방식을 규제할 수 있다는 점을 여러 차례 강조하는 것을 볼 수 있다.[32] Bates 대 State Bar of Arizona 소송에서, 거짓 광고, 기만적인 광고, 혹은 오해의 소지가 있는 광고들은 앞으로도 계속 규제를 받을 것이며, 그러한 광고는 다른 종류의 언론들과 마찬가지로 시간, 장소, 방법에 있어서 정당한 제한을 받게 될 것이라는 명확한 판결이 내려졌다.[33] 정부는 불법적 행동에 관한 상업적 언론도 제한될 수 있다.[34]

앰부시 마케팅 광고들은 대중에게 주로 정보를 제공하기보다는 대중을 속이거나 대중이 오해하도록 하는 것을 목표로 한다. 앰부시 마케팅을 시행하는 것은 대중이 앰부시 마케팅을 하는 사람이 이벤트와 관련되어있다고 믿도록 유도하는 것이며, 어떠한 진실된 정보도 전달하지 않는 것이다. 2장에서 논의된 사실에 기반하여, 뉴질랜드 텔레콤의 광고가 '텔레콤 모바일과 함께라면 당신의 핸드폰을 올림픽으로 가져갈 수 있다' 라고 한 것을 예로 들면, 우리는 이벤트 장소에서 텔레콤 서비스를 이용할 수 있다는 정보를 전달하기보다는 뉴질랜드 텔레콤이 올림픽과 관계되어 있다는 거짓된 인상을 만들어내어 시청자를 오도하는 것이 광고의 의도라는 것을 찾아낼 수 있다.[35] 또 다른 예로 특정 콘테스트에서 이벤트 입장권을 상품으로 제공한다는 광고를 들어보자. 우리는 그러한 광고에서 이벤트의 영업권을 이용해 보려는 시도와, 광고주와 실제 영업권을 가진 이벤트 주최자의 관계에 관하여 시청자를 오도하기 위하여 광고를 이용하려는 시도를 찾아볼 수 있다.

대중을 오도하고 거짓된 광고는 확실하게 상업적 언론 보호의 범위를 벗어나기 때문에 앰부시 마케터들은 상업적 언론 보호를 주장할 수 없다. 상업적 언론 보호에 대한 제한이 앰부시 마케팅 광고에 적용되지 못할 이유는 없다. 그러나 만약 앰부시 마케팅 회사가 적절한 증거를 제시하여 광고를 통해 진실된 정보를 전달하고 있다는 것을 증명할 수 있다면, 그들은 법적 책임에서 벗어날 것이다. 그러나 앰부시 마케팅의 상황 하에서, 법원이 그러한 주장을 받아들이기는 아주 힘들 것이다.

앰부시 마케팅을 저지하는 것이 상업적 언론 보호에 위배가 된다는 주장은 옳지 못하다. 그러므로, 시드니 2000 게임 보호법 1996과 런던 올림픽 게임 및 장애인 올림픽 게임법 2006을 포함하여 대부분의 행사특정 법률은 발언과 표현의 자유에 대한 제한에 제기된 합헌성 문제를 극복할 것 같다.

반 앰부시 마케팅 방법과 경쟁법

앰부시 마케팅 규제와 관련하여 큰 마찰을 빚어온 또 하나의 법적인 영역은 경쟁법이다. 경쟁법의 주요 목표는 시장 경제에서 소비자의 이익을 훼손하지 않으면서 경쟁을 보장하는 것이다.[36] 시장 경제에서 이익의 최대화 추구를 위해서 기업들은 종종 비경쟁체제를 형성하며, 경쟁 당국은 공정한 경쟁을 보장하기 위해 수 차례 개입해야만 한다.[37] 최근 몇 년간 많은 국가 경제체제가 규제 기반에서 시장 경제 기반으로 변화됨에 따라 경쟁법의 중요성은 더 커졌다. 경쟁법의 적용의 내용과 정도에 대하여 다양한 의견이 존재하지만, 그것의 모든 근본적인 목표는 경쟁 시스템이 운영되는 시장에서 소비자의 이익이 무시되지 않고 공정하게 거래되도록 보장하는 것이다.[38]

경쟁법의 성장은 시장 경제의 요람인 미국의 큰 역동성 덕분이다. 미국의 두 주요 법률인 1890년의 Sherman 법과 1914년의 Clayton 법은, 전 세계 경쟁법의 발전에 도움이 되는 역할을 수행했다. 유럽에서는 1957년에 European Economic Community에 의해 제정된 로마협정이 경쟁을 보장하기 위한 주요 조항을 마련했다.[39] 현재 인도에서 경쟁과 관련된 이슈를 다루고 있는 법률은 2002년 경쟁법이다.[40] 여기에서 우리 논의의 초점은 미국과 EC[•] 경쟁법에 의해 강화되어 온 인도 경쟁법과 정책의 관점일 것이다.

전 세계적으로 경쟁법의 중요성이 증가되면서 경쟁법과 다른 법률 사이의 여러 불일치가 발생했다. 경쟁법과 지적 재산권에 대한 법률 사이의 잦은 마찰은 이의 전형적인 사례이다. 경쟁법은 시장에서 경쟁하

• EC: European Commission (유럽 공동체 위원회)

는 모든 사람에게 공정한 기회를 주어 경쟁을 보장해주는 입장이지만, 지적 재산권은 지적 재산권 소유자를 위해서 다른 사람들의 간섭을 방지하려고 노력한다.[41] 접근법의 차이에도 불구하고 많은 학자들은 지적 재산권과 경쟁법은 소비자의 행복이라는 궁극적인 목표를 위하여 상호 보완적으로 같이 작용하는 것처럼 보이기도 하지만, 어떤 맥락에서는 충돌하는 여행을 하고 있다고 주장한다.[42] 이와 같은 충돌과 상호보완적인 모습은 이벤트와 관련된 지적 재산권을 보호하려고 노력한 행사특정 법을 포함하여, 반 앰부시 마케팅 방법들의 사례에서도 볼 수 있다.

경쟁 당국이 많은 고유의 특질을 가지며 시장의 법칙에 의하여 영향을 받지 않는 스포츠와 게임들과 관련된 이벤트의 조직에 관여하는 이유에 대하여 질문할 필요가 있다. 이 질문에 대한 해답은, 많은 사람들이 미국이나 유럽의 많은 사법부 결정과 논의에서 알 수 있듯이, 스포츠 관련 이벤트에 의해 발생되는 경제행위에 해답이 있다. 1장에서 설명했듯, 스포츠는 현대 경제 및 마케팅 전략과 복잡하게 연결되어 있으며, 오늘날 스포츠는 그 자체가 거의 경제 행위라고 여겨지고 있다. 이벤트 주최자가 경제적 활동에 관여한 그 순간, 경쟁 당국은 공정한 경쟁을 하도록 하며, 소비자들의 이익을 지키기 위하여 행사 주최자들을 감시할 법적인 권한을 가질 것이다.[43] 이는 앰부시 마케팅에 대항하는 행사 특정 법률의 많은 조항들이 부여된 독점권의 내용을 담고 있으므로, 행사 주최자들은 시장에서 공정한 경쟁을 보장하는 경쟁법에 의해 정해진 테스트를 통과해야 한다.

하지만 지금까지 이 주제에 대한 대부분의 소송들과 논의들이 주로 이벤트의 독점적인 방송권과 선수의 이적권에 초점이 맞춰진 것은 사실이다.[44] 협찬과 상품의 독점적 공급은 유럽 포럼에서 면밀히 다뤄진 또 하나의 주제였다. 심지어 상품의 독점적 공급에 대한 논의는 이벤트에 스포츠 용품을 공급하는 것에 대한 규제에만 국한되어왔다.

반 앰부시 마케팅 정책과 경쟁법의 마찰에 대한 논의는 크게 두 종류의 쟁점에 역점을 두는데, 하나는 광고를 제한하는 것과 관련 있는 것이고, 또 하나는 이벤트 장소 근처에서 상품과 서비스를 제한하는 것과 관련 있다. 첫 번째 쟁점을 지지하는 학자들에 따르면, 광고가 신뢰, 친근감, 브랜드 충성도를 형성하는 수단의 역할을 수행할 때, 그리고 그들이 독점 시장을 확립하고 유지할 가능성을 가지고 있을 때, 경쟁법과 경쟁 정책은 시장에서의 모든 경쟁자들에게 공정한 기회를 보장하기 위하여 중요한 역할을 수행할 것이다.[45] 그들은 한 이벤트의 광고 기간 동안 그들 마음대로 경쟁 접촉을 회피하기 위한 전략으로 스폰서라는 점을 강조하여 경쟁자들의 광고를 방지하려고 한다.[46] 이 주장은 대부분의 이벤트 기업들은 장기간의 계약을 선호하며 그렇게 함으로써 다른 기업들이 그 이벤트와 연관되는 것을 효과적으로 방지하는 것을 원한다는 사실을 근거로 제기된다.[47] 이는 행사특정 법률에 의거한 광고에 대한 제재가 반 경쟁 행동을 조장한다는 논거의 여지를 제공한다. 두 번째 쟁점, 즉 이벤트 장소와 그 근처에서의 상품과 서비스에 대한 소비자의 선택에 대한 제한들은 필연적으로 이벤트 장소 안과 근처에서 반 경쟁적 시장의 형성을 만들어낸다는 주장이 있다. 시장에 미치는 결과가 두 쟁점에서 확연히 다르므로, 우리는 좀 더 세부적으로 확인해야 한다.

이 장의 초반부에서 자세히 논의된, 발언과 표현의 자유를 제재하는 영역에서 광고와 관련된 쟁점들 중 경쟁권한의 간섭에 대한 대부분의 이런 주장들이 행사특정 법률의 합헌성을 의심하는 주장과 같은 논리적 맥락을 가지고 있다. 그러나 경쟁을 지지하는 국가들도, 스폰서 기업들에 의해 형성된 경제적인 투자를 고려하여, 그리고 이벤트의 후원 가치를 지켜낼 필요성 때문에, 합리적이라고 판단되는 제재를 환영한다. 대부분의 스폰서 계약은 일반 경쟁입찰 과정을 통해 계약이 체결된다는 사실 자체를 간과해서는 안 된다. 게다가, 경쟁법 자체가 거짓되고 오도하는 광고의 제재를 가능하게 한다.[48] 이전 장에서 보았듯, 앰부시 마케팅 광고들은 후원되는 이벤트와 연관하여 일반 대중을 오도한다. 만약 앰부시 마케팅 광고들이 오도하는 광고로 여겨진다면, 그러한 광고들에 대한 규제는 경쟁법의 범위 안에 들어가지 않을 것이다. 그러므로 이 장에서의 우리의 논의의 초점은 이벤트 장소 안과 근처에서 비 스폰서의 상품과 서비스에 대한 소비자 선택의 제한과 경쟁법의 관련된 가능성이 있는 갈등에 맞춰질 것이다. 이러한 집중적이고 세밀한 접근은 또한 FIFA 월드컵 2006과 ICC 크리켓 월드컵 2007과 같은 대부분의 메가 이벤트 기간 동안 소비자 선택과 관련하여 그러한 제한에 대한 대중의 격렬한 항의를 증거의 기초로 한다.

판결에는 경쟁법 개입과 관련하여 세가지 상황이 있다. 먼저, 경쟁을 예방, 제한 혹은 왜곡할 목표를 가진 반 경쟁 협정을 막기 위한 것이 있다. 두 번째는 시장에서 지배적 지위의 오용을 방지하는 것이다. 세 번째는 반 경쟁 인수합병의 규제이다.[49] 경쟁법과 반 앰부시 마케팅 정책에 대한 우리의 논의에 있어서, 처음의 두 가지, 즉, 반 경쟁협정과 지배적 지위의 오용은 의미가 있는 것이다. 그래서 우리의 논의는 다음 두 질문의 대답을 구함으로써 더욱 나아갈 수 있다: 첫째, 사실상의 행사한정 법률과 앰부시 마케팅을 반대하는 다른 제한들은 반 경쟁적인지 여부.[50] 둘째, 반 앰부시 마케팅 법안과 법률들은 이벤트 주최진들에게 지배적 지위를 오용할 상황을 만드는지 여부. 이러한 논의는 TRIPS 협정까지 권리와 계약상의 라이센스에 있어서 반 경쟁 실현을 통제할 회원국가들의 의무를 인정하는 것을 통하여 중대한 의미를 갖는다.[51]

반 앰부시 마케팅 활동의 반 경쟁적 성격

경쟁법은 반경쟁적이라고 사료되는 협정, 결연, 그리고 관습을 금지한다.[52] 따라서 현재의 경쟁법하에서 반 경쟁적 성격을 가지고 있는 협의는 무효로 취급된다.[53] 행사특정 법률과 앰부시 마케팅에 반대하는 계약들이 실제 현실적으로 반경쟁적인지 분석하기 위하여, 최근 경쟁 체제를 통해서 어떤 종류의 협정이 반 경쟁적으로 여겨지는지 이해할 필요가 있다. '협정'의 개념은 경쟁법하에 어떤 의미에서는 두 사람간, 사업간, 기업간에 허물없는 이해나 일치된 행동을 포함하기 위하여 상당히 광범위하게 사용된다.[54]

이선 상에서 지적했듯이, 앰부시 마케팅에 대한 제재는 주최 기관과 주최 국가에 의해 도입된다. 'person'이라는 개념이 현재의 경쟁법에서 많은 의미를 가지는 것처럼, 조직 위원회는 'person'이라는 단어의 의미 범위 안에 들기 때문에 조직위원회는 경쟁법의 정밀조사의 대상이 된다. 정부의 유일한 자주적 기능만이 경쟁법의 정밀조사에서 면제되기 때문에 이벤트 조직기간 동안의 정부의 법률 또한 경쟁 권한의 정밀조사 범위 안에 들게 된다.[55]

이벤트의 준비기간 동안 조직 위원회나 정부의 움직임은 경쟁 당국의 정밀조사 대상이 될 수 있기 때문에 경쟁법에 의해 금지된 법률의 종류를 철저히 숙지할 필요가 있다. 넓은 의미에서, 경쟁법은 경쟁에 부정적인 영향을 일으키거나 일으킬 가능성이 있는 상품이나 서비스의 생산, 공급, 분배, 저장, 매입, 그리고 통제에 관한 모든 합의를 금지한다.[56] 경쟁에 미치는 영향을 알기 위해, 법원과 경쟁 당국은 가장 먼저 경쟁이 부정적으로 영향을 받고 있다고 여겨지는 시장을 확인하게 된다. 기술적인 의미에서 여기서 시장이란 관련된 시장, 즉 관련 있는 상품과 관련된 지역을 의미한다.[57] 관련된 지역 시장은 특정 지리적 위치에 위치하여 제품 공급이나 서비스 제공을 위한 경쟁 환경이 동질적이어서 인근 지역과는 차이를 보여야 한다.[58] 예를 들어, FIFA 월드컵 같은 이벤트 기간 동안 이벤트 장소 안과 근처에서 상품과 서비스의 흐름에 반 앰부시 마케팅 제한의 합법성을 결정할 때, 스타디움과 그 주변을 관련 지역 시장이라 판단할 것이다. 따라서 스타디움의 내부와 외부에서 마케팅 환경적인 측면에서 상당히 차이가 있음을 전제하고 있다. 관련 상품 시장은 소비자가 교환할 수 있거나 대체할 수 있다고 판단하는 모든 상품이나 서비스를 포함하고 있다.[59] 예를 들면 청량 음료 시장에서, Coke와 Pepsi는 교환 가능한 상품으로 고려된다. 또는 음식 서비스 사례에서, Pizza Hut과 Dominos는 대체 가능한 음식 서비스로 간주된다.[60]

다음 단계는 경쟁에 불리한 영향이 존재하는지 확인하는 단계이다. 구체적으로 계약이나 조건들이 기존의 경쟁 정도를 크게 감소시킬 수 있는 환경을 조성하고 있는지 확인하는 작업이다. 기존의 경쟁이 완전히, 그리고 분명하게 줄어 들었다면, 부정적인 결과를 알아내기 위한 추가적인 증거에 관계없이, 경쟁에 대한 부정적인 영향이 있다고 추정한다.[61] 여러 상품들 중 일부가 반 앰부시 마케팅 조치라는 명목 하에 시장 진입을 거부당했을 때, 경쟁에 대한 부정적인 효과 문제가 발생한. 기념비적인 판결에서 인도 대법원은 '경쟁에 미치는 영향' 에 대한 안건에 대해 판결을 내리기 보다는 고려해야 할 요인을 상세히 제시했다.[62] 첫째, 제한이 적용되는 사업 특유의 요인, 둘째, 제재가 가해지기 전과 후의 상황 변화, 셋째, 제재의 성격과 실제 영향 및 예상되는 결과이다. 반 앰부시 마케팅 정책이 광고와 관련된 제한에 국한된다면 큰 문제가 되지는 않는다. 그러나 이러한 정책들이 이벤트 장소 안이나 근처에서 소비자의 제품이나 서비스 선택을 제한하는 정도라면, 이는 경쟁 당국의 정밀 조사를 받을 수 있다. 첫 번째 요인, 즉 제한이 적용되는 사업 특유의 요인을 결정할때, 경쟁 당국은 이벤트 기간과 이벤트 장소 안과 밖에서의 잠재적 마케팅과 같은 다른 요인들까지도 고려해야 한다. 대법원에서 지적한 두 번째 요인은 제재가 가해지기 전과 후 상황의 차이이다. 두 번째 조건의 경우, 제시된 제재의 전과 후의 상황이 전적으로 다를 수 있기 때문에 이벤트 주최자들에게 유리하지 작용하지 않는다. 제재가 가해지기 전에는, 상품과 서비스의 유통이 자유롭다. 그러나 앰부시 마케팅 제재가 발동되면, 스폰서의 상품이나 서비스만이 이벤트 장소로 진입할 수 있다. 그러므로 제재 전과 후의 상황은 완전히 다르게 된다. 고려해야 할 세 번째 요인은 제재의 성격과 실제 영향 및 예상되는 결과이다. 여기에서 언급되는 상황에서의 제재는 전면적인 제재를 의미하며, 결과적으로 완전히 잠재 시장을 차단하는 것을 의미한다. 공식 스폰서의 상품이 아닌 상품에 대한 판매 제한은 소비자의 선택을 크게 제한할 것이다. 어떤 사람이 Pepsi의 맛을 좋아하지 않더라도, 만약 Pepsi가 공식 스폰서이고, Coke가 이벤트 장소 안과 근처에서 그들의 제품을 판매하는 것이 제한된다면, 그 사람은 이벤트 기간 동안 그의 갈증을 Pepsi를 소비하며 해결해야 한다. ICC 크리켓 월드컵 2007과 FIFA 월드컵 2006에서 주최측이 경기장에 입장하기 위해 관중들에게 스폰서가 아닌 음료수 병을 가져오지 못하도록 지시한 것이 좋은 예가 된다.

그러나 이러한 요인들은 경쟁법 즉, 지적 재산법을 통해 보호되는 타당한 조치들이 포함된 경쟁법 하에서 인정되는 중요한 예외와 비교해 볼 필요가 있다.[63] 반 앰부시 마케팅 노력이 기본적으로 이벤트의 조직과 관련된 지적 재산권을 보호하기 위한 노력이기 때문에, 이벤트 주최자들은 이 조항에 의해 다각적으로 경쟁법의 남용으로부터 보호받는다. 그러나 지적 재산권 소유자들에 의해 적용된 합리적인 법률 조항을 상세히 분석하면, 인도의 경우 몇 가지 중요한 자격의 제약이 있다는 것을 알 수 있다. 가장 중요한 제약은 지적 재산권을 위한 이러한 예외는 인도 경쟁 법 제3-5항에서 명확히 언급된 법과 일치한다. 따라서, 만약 경쟁법의 예외가 되는 특혜를 얻으려면 제3-5항은 먼저 행사 특정 법률이 포함되도록 수정되어야 할 것이다.[64] 아울러 이러한 예외 조항을 적용하기 위해서는 지적 재산권 소유자가 오로지 수여된 모든 권리를 지킬 필요성이 있는 타당한 조건에만 부과할 수 있다는 것이다.[65] '합리성'의 영역을 넘어서 효력을 미치는 어떤 정책은 이 예외 항목을 보호하지 못할 것이며, 이것은 TRIPS 협정에서도 인정되었다.[66] 이벤트 장소 안과 근처에서 제품과 서비스의 흐름을 제한하는 앰부시 마케팅 규제가 타당한지 여부는, 그러한 제한으로 발생하는 막대한 영향을 고려해 볼 때, 부정적인 답변이 될 수도 있다.

경쟁에 미치는 영향에 대한 최종 판단을 내리기 전에, 경쟁 당국은 그들의 규제가 소비자의 이익 증가나 제품 판매 및 서비스의 제공 혹은 생산에 있어서 어떤 긍정적인 결과를 가져오는지 살펴보아야 할 것이다. 또한 제품이나 서비스 공급의 생산 혹은 유통을 통한 기술적, 과학적, 그리고 경제적 발전의 촉진에 대한 결과도 고려해야 한다.[67] 이벤트 장소 안과 밖에서의 음식이나 음료 선택의 제한이 반드시 소비자 이익의 증가로 이어지지 않는다는 것은 분명하다. 한편 많은 경우, 독점적인 서비스 제공자는 독점적으로 주어진 과도한 이익을 얻으며 일반적인 시장 가격 이상을 부과하는 경우가 허다하다. 두 번째 요인은 상품의 유통 혹은 서비스의 제공이 개선되는지에 관한 문제이다. 단일 회사에게 부여된 권한으로 인해 음식이나 음료의 선택을 제한하는 것은 생산과 분배 어느 면에서도 효율을 개선하지 못한다. 따라서, 앞에서 언급한 두 요인들은 이벤트 주최자들에게는 우호적으로 작용하지 않는다.

그러나 만약 이벤트 주최자들이 제재를 통해 결과적으로 기술적, 과학적, 그리고 경제적 발전의 촉진이 일어난다는 것을 경쟁 당국에게 증명할 수 있다면, 세 번째 요인의 관대함은 이벤트 주최자들에게 우호적으로 작용할 것이다. 행사 주최자들은 스폰서들을 끌어들이기 위한 특권의 중요성과 주요 이벤트의 조직을 위해 스폰서의 필요성에 대하여 설명하며 그들의 논리를 증명할 것이다. 모든 면을 고려해볼 때, 경쟁 당국은 현상유지를 허용하거나, 이벤트 주최자들에게 시정을 요구할 것이다. 변화는 이벤트 주최자가 전체적으로 소비자와 공공의 이익을 지키는 방향으로 이루어지게 될 것이다.

앰부시 마케팅 관련 제재와
이벤트 주최자들에 의한 지배적 지위의 오용 문제

경쟁법과 반 앰부시 마케팅 노력의 마찰을 완전히 다른 차원, 즉 이벤트 주최자의 지배적인 지위 오용의 면에서 분석하는 것은 의미 있는 일이다. 경쟁법의 의미 안에서 이벤트 주최자들의 지배적 지위 오용이 많은 주요 이벤트의 조직 과정에서 노골적으로 일어나는 것과 관련하여, 근래에 많은 유명한 스포츠 이벤트 주최자들의 행동이 많은 의혹을 불러일으켰다는 것은 사실이다. 이는 지배적 지위의 오용이 일어나는 경우에 경쟁 당국이 간섭할 수 있도록 경쟁법에서 광범위한 권력을 부여했음에도 불구하고 발생하기도 한다.[68]

이 문제의 차원을 ICC 크리켓 월드컵을 사례 시나리오로 들어 검토해보자.[69] 앰부시 마케팅을 방지하기 위하여 ICC는 보통 이벤트 장소 안과 근처에서 다양한 수단을 동원한다. 비 스폰서사의 음료와 음식을 이벤트 장소로 가져오는 것을 제한하는 것도 포함한다.[70] 이벤트 장소에 도착한 관중들은 입장시 비 스폰서의 음료수 병을 두고 갈 것을 요청 받으며, 많은 자원봉사자들과 스태프들은 이를 감시하기 위해 입구에 배치된다. 최근의 많은 이벤트에서 관객들은 이벤트 주최자들의 이러한 시도에 불쾌함을 나타내고 있으며, 이런 행위의 적법성은 이벤트 주최자들의 지배적인 지위 오용의 관점에서 검토되어야 할 중요한 이슈가 되고 있다. 이는 가까운 장래에 주요 이벤트를 개최할 것이라고 전망되는 국가들에게 특히 중요하다.

비록 관할권에 따라 내용과 적용은 다를지라도, 지배적인 지위의 오용의 실재를 면밀히 살피기 위하여 법정은 대개 세가지 요소를 검토한다.[71] 첫 번째 단계는 지배적인 지위가 존재했는지를 확인하는 작업이다. 두 번째는 경쟁에 해가 되는 관행들을 확인하는 것이며, 세 번째는 관련 시장에 미치는 종합적인 영향을 찾아내는 것이다.

기업의 지배적인 지위는 각 상황과 관련된 사실을 기반으로 결정된다. 경쟁법에 의하면, 지배적 지위라고 여겨지는 요소는 관련 시장(상품과 지정학적 시장 양쪽)에서 향유되는 힘의 지위이며, 관련 시장에서 경쟁과는 독립적으로 힘을 행사하거나, 자신이 유리한 쪽으로 경쟁자 혹은 소비자에게 영향을 미칠 수 있게 하는 것이다.[72] ICC 크리켓 월드컵의 예를 들자면, ICC가 인도에서 세가지 기준을 모두 만족하는 것을 볼 수 있다. ICC는 크리켓 토너먼트의 조직에 있어서 힘이 있는 지위를 가지고 있으며, 지금까지 크리켓과 관련된 이벤트의 조직에 있어서 ICC에 견줄 힘과 명성이 있는 협회는 등장하지 않았다. 이는 인도에서 스포츠 관련 시장에 대한 ICC의 지위를 보여준다. ICC가 스폰서들에게 높은 스폰서십 비용을 부과하는 것을 통해서 ICC의 지위는 시장의 경쟁을 무시할 수 있으며 거래 조건을 부과할 수 있는 지위라는 것이 증명된다.[73] 이는 이벤트 주최자들이 '소비자에게 영향을 미치는가'의 관점에서, ICC같은 이벤트 주최자의 지배적인 지위를 보여주며, 이벤트 주최자들에 의한 지배적 지위의 오용이라는 이슈를 생각하게끔 한다.

일부 학자들은 어떤 기업의 관련 시장에서의 지배적인 지위는 시장 점유율과 시장 진입 조건을 평가하여 확인할 수 있다고 믿는다.[74] 앞서 언급한 크리켓 대회의 예에서도, 이러한 기준이 크리켓 대회의 조직 분야에 있어서 ICC는 현재 독점적임을 확신할 수 있을 것이다. 크리켓 대회 조직 분야에서 다른 협회의 진입을 막는 장벽 뒤에는, ICC가 지역별 크리켓 협회들과 맺고 있는 독점적인 계약 조항 및 구속 조건들이 중요하게 작용한다.[75] 이런 시나리오에서, 국제적인 크리켓 토너먼트를 조직하는 것은 다른 국제적 조직에게 결코 쉬운 일이 아닐 것이다. 지배적 지위를 판별하는 또 다른 유용한 방법은 비정상적으로 높은 이윤과 가격 책정이 직접적인 증거가 된다.[76] 그러나 자연스럽게 지배적인 지위를 누리게 되는 것은 경쟁법에 저촉되지 않는다는 사항을 기억할 필요가 있으며, 경쟁법은 지배적 지위의 오용에만 관심이 있다.[77] 따라서 다음 단계는 경쟁에 해가 되는 관례가 존재하는지 확인하는 작업이 요구된다.

경쟁에 해로운 관례를 확인하기 전에, 조사의 초점에 관하여 특별히 언급할 중요한 내용이 있다. 반 앰부시 마케팅 노력의 맥락 속에서 이벤트 주최자들에 의한 '지배적 지위의 오용' 문제는, 비록 경쟁법이 양쪽을 동일하게 중요하다고 판단하더라도 경쟁자의 배제보다는, 경쟁의 배제 관점에서 분석 할 필요가 있다. 접근법에 있어서 차이는, 대부분의 사례에서 이벤트 주최자들이 시장에서 경쟁 배제가 아닌, 경쟁자들을 배제시키기 위한 오용에는 관여하지 않는다는 사실에 기반한다.

어떤 이벤트 주최자에게 있어서, 경쟁자는 또 다른 이벤트 주최자이다. 경쟁자 배제의 오용 사례는 BCCI가 지배적 우위를 이용해서 선수들과 계약한 독점적 계약 때문에 선수들이 인도 크리켓 리그 등의 라이벌 조직에 가입하는 것이 사실상 불가능한 경우들 들 수 있다. 이러한 행동은 결국 좋은 스포츠 조직을 형성할 기회를 위협하는 것이다. 최근 인도의 MRTP 위원회는 유사한 사례로 BCCI에 대한 조사에 착수했다. 그러나 지배적 지위를 이용해서 앰부시 마케팅 관련 제재 수단에 관해서는, 연구의 초점은 반 앰부시 마케팅 노력이라는 명목 하의 이벤트 주최자들에 의한, 최종적으로 시장에서 경쟁의 제거를 발생시키는 오용적 행위이다. 이와 관련된 사례는 풍부하다. 특히 이벤트 주최자들이 비 스폰서의 제품을 이벤트 장소 안과 근처로 들이는 것을 막는 것과 같은 철저한 반 앰부시 마케팅 노력은, 관련 시장에서 경쟁을 배제하는 혹은 경쟁을 줄이는 좋은 사례 중 하나이다. 최근 국제 메가 이벤트에서 그러한 가혹한 제한에 대한 관중의 격렬한 항의는 이러한 관점에서 눈 여겨 볼 일이다.

지배적 지위 오용의 분석에 유용한 세가지 경제적 기준은 '희생 테스트', '효율적인 경쟁자 테스트', 그리고 '소비자 유해 테스트'이다.[78] '희생 테스트'에 의하면, 수익이 되거나 사업적인 감각을 가진 지배적인 회사의 모든 행동은 경쟁을 없애거나 줄이기 위해 지배적 지위를 오용하는 경향이 있다고 한다. 이 테스트에서, 경쟁을 없애거나 줄이려는 의도가 가장 중요한 판단 기준이다. 이벤트 장소 안과 근처에서 비 스폰서의 제품이나 서비스를 배제했던 사례에서, 경쟁을 줄이거나 없애는 의도가 분명했으며, 따라서 '희생 테스트' 결과 지배적 지위의 오용으로 판단된다. '효과적 경쟁자 테스트'에 의하면, 동등하게 효율적인 경쟁자만을 배제하는 행동을 독점적인 오용으로 볼 수 있다. ICC 크리켓 월드컵의 예에서, 동등하게 효율적인 경쟁자를 배제할 가능성은 대부분의 상황에서 존재했다. Coke와 Pepsi는 동등하게 효율적인 경쟁자로 여겨진다. 이벤트 주최자들의 조작을 통해 효율적인 경쟁자들 중 하나는 관련 시장에서 배제되며, 이 때문에 효율적인 경쟁자 테스트에서 이를 지배적 지위의 오용으로 판단한다. 마지막으로, '소비자 유해 테스트'는 소비자의 행복을 높일 수 있는 경쟁자의 배제는 지배적 지위의 오용이 된다는 것을 의미한다.

이벤트 주최자들의 오용적 행동은 관련 시장에서 경쟁에 해로운 영향을 미친다. 이벤트 장소에서 제품을 배제하는 것은 소비자의 선택을 감소시키며, 가격 상승의 가능성 또한 증가시킴으로써 소비자의 복지에 해가 된다. 이벤트 주최자가 그의 지배적 지위를 통해 경쟁 이벤트 주최자를 막지 못했을지라도, 이는 틀림없이 비 스폰서를 막기 위한 행동이며 경쟁을 해롭게 한다.

특히 인도 경쟁법에서 지배적 지위의 오용이라고 인식되는 행동들이 상품이나 서비스의 공급에서 혹은 상품이나 서비스를 위한 시장에서 직, 간접적으로 불공정하거나 차별적인 거래 조건을 강요하거나, 상품이나 서비스와 관련된 기술적 과학적 발전을 제한하며, 계약 관계에서 기본적인 계약조건과 관련 없는 조항을 강요하면서 시장진입을 거부한다. 그리고 종종 다른 시장으로 진입하기 위해서, 혹은 다른 시장을 지키기 위해서 시장에서의 지배적 지위를 이용한다.[79]

지배적 지위의 오용에 대한 명확한 증거를 살펴보면, 반 앰부시 마케팅 규제를 통해 최소 두 가지 흔한 유형이 이벤트 주최자에 의해서 제재되어 왔다. 이는 시장 진입을 거부하는 것과 상품이나 서비스의 공급을 제한 혹은 방해하는 것이다. 시장 진입의 거부라는 상황 속에서, 경쟁 당국은 기업의 시장 파워, 금지의 논리, 그리고 결과적인 경쟁적 피해를 고려해야만 할 것이다.[80] 따라서 ICC가 주최하는 크리켓 월드컵

기간 동안 Coke나 Pepsi에 접근하는 것을 거절하는 특정한 상황 속에서, 결정적인 판단을 내리기 위해서는 단면적인 판단보다는 세 요인들을 종합적으로 살펴 볼 필요가 있다. ICC의 경제적 파워는 분명하고 의심할 여지가 없는 현실이다. 그러나 시장 접근의 금지에 대한 경제적 근거를 살펴보면, 스폰서십을 유치하기 위해 독점이 필요하다는 주장은 논란의 여지가 있다. 이벤트 주최자들은 오로지 독점만이 스폰서십을 가져올 수 있으며, 막대한 규모의 비용과 관련하여 스폰서십이 없으면 큰 이벤트를 조직하는 것은 불가능하다고 아주 강력하게 주장할 것이다. 다른 맥락에서 보면, 독점의 필요성에 대한 주장은 대부분의 경우 지적 재산권을 포함한 경쟁법과의 마찰을 일으키며, 미국과 유럽에서는 이에 관해 다른 관점을 가지고 있다.[81] 또한 이벤트 주최자들은 스폰서십 계약은 입찰 경쟁 과정을 통해 결정된다는 사실을 중요하게 여긴다. 또 다른 주장은 대부분의 이벤트 주최자들은 이윤 창출에 관여하지 않을 것이며, 그들이 벌어들이는 모든 돈은 경기의 장기적인 이익을 지키기 위해 사용된다는 것이다. 이벤트 주최자에 의해 부여된 앰부시 마케팅 전략을 경제적인 논리로 정당화 하거나 거부하기 전에, 경쟁 당국은 이 이슈에 대해 조심스러운 접근을 취해야 한다. 즉 경쟁에 미치는 해에 대한 문제에 관해서는 이벤트 주최자들이 도입한 앰부시 마케팅 제재 조치는 정당화 될 수 없고 경쟁을 제한하는 결과를 가져오며, 소비자의 선택 또한 제한된다는 사실이 분명하다. 따라서 이벤트 주최자들이 경쟁에 해가 되는 부당한 반 앰부시 마케팅 조치들을 도입하여 지배적 지위를 오용한다는 사실에 기초해서, 그들을 규제하기 위해 경쟁 당국이 지배적 지위의 오용과 관련된 경쟁법을 제안한다면 가능할 수 있다는 결론에 도달한다. 지금까지 어떤 경쟁 당국도 이런 주제에 대한 판례법을 남기지 않았고, 인도 의회에서 행사 특정 반 앰부시 마케팅 법안을 제안한다면 인도 경쟁 위원회는 이런 면에서 좋은 주도권을 가질 것이다. 이런 관점에서 경쟁법에 대한 최근 경향은 긍정적이다.[82]

이 장에서, 헌법과 경쟁법의 관점에서의 반 앰부시 마케팅 활동에 대한 합법성 연구는, 만약 행사특정 법률 혹은 이벤트 주최자들이 앰부시 마케팅 방지라는 명목 하에 공공의 이익에 해가 되는 부당한 제한을 만들어내는 것에 의지한다면, 그들은 법정에서 불리해 질 것이라는 보여준다. 이런 면에서 적어도 몇몇 이벤트 주최자들의 행동은 재미있는 법적 투쟁의 가능성을 보여준다. 우리는 법적으로 정당화되는 반 앰부시 마케팅 활동의 경계가 어디까지인지 명확히 알 필요가 있다.

NOTES

1. Graeme Orr의 책 507-8쪽 참고.
2. 1995년 인도 판결문, 인도 대 법원 판결문 2,438쪽의 Tata Press 대 Mahanagar Telephone Nigam Limited 판례 참고. 이 사건은 Mahanagar Telephone Nigam Limited(MTNL)과 인도 연합만이 전화 가입자 목록을 인쇄/출판할 수 있으며, MTNL이나 인도 연합의 허가 없이 어떠한 사람도 이를 출간할 수 없다는 붐베이 고등 법원의 판결에 상소하는 사건이었다. 대법원의 판결은 Tata Press가 'Tata Press 전화번호부'라고 불리는 편찬을 인쇄/출판하고 유포할 수 없도록 했다. 특별 허가의 형태로, Tata Press는 대법원에 항소하였다.
3. 1995년 인도 판결문, 인도 대법원 판결문 2,438쪽 11단락 참고.
4. 위와 동일 판결문 21단락 참고.
5. 위와 동일 판결문 22단락 참고.
6. 위와 동일 판결문 25단락 참고.
7. 위와 동일 단락 참고.
8. 위와 동일 단락 참고.
9. 법원은 인명 구조 약 광고의 예를 인용하여 이 점을 입증하였다. 법원은 인명 구조 약에 대한 정보를 주는 광고는 순수 무역의 관점을 가지고 있을 수 있는 광고주보다 일반 대중에게 훨씬 더 중요함을 주시했다. 1995년 인도 판결문, 인도 대법원 판결문 2,438쪽 26단락 참고. 이 사건에서, 법원은 결국 Tata Yellow Pages가 계속 전화번호부를 출간할 수 있도록 허락했다. 그러나 동시에, 법원은 전신당국의 허가 없이 '전화 가입자의 목록'을 출판할 수 없다는 점을 유지했다(32단락 참고).
10. 2003년 인도 판결문, 인도 대법원 판결문 250쪽의 Hindustan Times 대 UP주 간의 판례 참고. 이 사건에서 탄원인들은 우타르 프라데시 정부의 특별장관에 의해 반포된, 25,000부 이상 배부되는 신문에 정부의 게재할 때, 재직 언론인들의 연금

을 위한 펀드 총액의 5퍼센트를 공제한다는 지시에 이의를 제기했다. 이 사건에서 법원은 광고문제에 대해서 자세히 다루었다. 이 사건의 주요문제 중 하나는 신문사가 정부에 의해 만들어진 광고를 받지 않을 수 있는가 하는 문제였다.

11. Hindustan Times 대 UP주 간의 판례 참고(2003년 인도 판결문, 인도 대법원 판결문 250쪽 38단락, 39단락 참고).

12. 1962년 인도 판결문, 인도 대법원 판결문 305쪽의 Sakal papers(P) Ltd. 대 Union of India 간의 판례 참고. Poona의 마라티어로 'Sakal'이라 불리는 주간 신문과 일간신문을 간행하는 청원인은 1956년 신문(가격 및 페이지)법과 1960년 일간지(가격 및 페이지)법의 합법성에 이의를 제기 했다. 이 법들은 청구되는 가격에 따라 신문의 페이지 수를 규제하는 것을 목적으로 하며, 이 법들은 출판될 증보판의 수를 규제하며, 신문에 실릴 순서 문제와 관련된 광고의 사이즈와 영역 역시 규제한다.

13. Sakal Papers(P) Ltd. 대 인도 연합 간의 판례 참고(1962년 인도 판결문, 인도 대법원 판결문 305쪽 37단락 참고). 이 판례에서 대법원은 이 논란 많은 법률 제정은 위헌이라고 판결 내렸다.

14. Valentine 대 Chrestensen 간의 판례 참고(316 US 52. 1942). 피상소인은 전 미국 해군 잠수함의 소유자였고 그는 영리목적으로 잠수함을 전시하고 있었다. 그러나 그가 도시의 거리에서 광고 전단지를 배포하여 잠수함을 광고하려고 했을 때, 경찰국장이었던 상소자는 그의 행위는 거리에서 상업 및 비즈니스 광고 관련된 것을 배포하는 것을 금지하는 공중위생법 제318조를 침해하는 것이라고 말했다. 이 사건의 주요 문제는 피상소인의 활동의 법령 적용이 피상소자의 언어사용의 자유에 있어서 헌법에 위배되는 처사가 아니었는가 하는 점이다. 이 사건에서 법원은 순수하게 상업적인 광고에 대한 정부의 간섭은 제지하지 않는다는 관점을 취했다.

15. 자세한 내용은 Jonathan Weinberg의 『*Constitutional Protection of Commercial Speech*(상업 언론의 법적 보호)』 참고(82 Colum. L. Rev. 720, 722 (1982)).

16. 위와 동일한 책 참고.

17. Virginia주 제약 협회 대 Virginia 주민 소비자 협회 간의 판례(대법원 판결문 96권 1817쪽(1976)) 참고. 이 판례에서, 처방전이 필요한 의약품의 소비자는 자격 있는 약사가 처방전이 필요한 의약품의 가격을 광고하지 못하게 Virginia의 법의 타당성에 이의를 제기했다.

18. 대법원 판결문 96권 1,817쪽, 1827쪽 참고.

19. 위와 동일한 쪽 참고.

20. Bates 대 State Bar of Arizona 간의 판례 참고(433 US 350, 1978). 이 사건에서, 아리조나에서 변호업무를 할 수 있도록 자격을 부여 받은 두 명의 변호사는 '매우 합당한 가격으로 법률 서비스 제공'한다는 문구와 함께 다양한 문제에 대한 비용 목록을 기재한 광고를 만들었다. 이 광고는 법률가가 '상업적 수단'으로 광고하는 것을 금지하는 아리조나 대 법원의 취체 규칙을 위배하는 것이기 때문에, 두 변호사는 처벌로써 1주일간 정직 명령을 받았다. 그들이 처벌에 대한 아리조나 대법원의 심리를 요청하였을 때, 이는 기각되었다. 그러나 이 문제가 항소로써, 미국 대법원에 제기되었을 때, 수정 헌법 제1조의 권리 위반을 근거로 아리조나 대 법원의 판결을 뒤엎었다. 대법원은 이 광고에는 오해의 소지가 없고 따라서, 수정 헌법를 위배한 것이 아니라는 관점을 취했다. 법원은 변호사에 의한 광고의 전면적인 금지는 수정 헌법의 언론의 자유 조항을 위반하는 것이라고 판결 내렸다.

21. Central Hudson Gas와 Electric Corporation 대 Public Service Commission of New York 간의 판례 참고(대법원 판결문 100권 2,343쪽 참고(1982)).

22. 위와 동일한 판결문 2,349쪽 참고.

23. 위와 동일한 판결문 2,350쪽 참고.

24. 위와 동일한 판결문 2,350쪽 참고.

25. 위와 동일한 판결문 2,351쪽 참고.

26. 이 네 가지 요인에 따라, 판촉 광고에 대한 위원회의 금지는 헌법 수정 제1조를 위반하는 것이었다.

27. Tata Press Ltd. 대 Mahanagar Telephone Nigam Limited 간의 판례 참고(199년 인도 판결문, 인도 대법원 판결문 2,438쪽 19단락).

28. 자세한 내용은, Jodie Sopher의 『*Weight-Loss Advertising Too Good To Be True: Are Manufacturers Or The Media To Blame?*(사실이기엔 너무 좋은 체중감량광고: 제조업체의 탓인가 미디어의 탓인가?』 참고(22 Cardozo Arts and Ent. L.J. 933, 958(2005)).

29. 미국의 상업언어제한의 매우 좋은 예는 담배 광고의 경우이다. 미국식품의약국(FDA)는 담배에 대한 혹독한 광고와 홍보 제한을 취해왔으며, 현재 광고 회사들은 많은 제한 사항을 준수해야 한다. 제한 사항은 젊은 층을 대상으로 제품을 마케팅하거나 판매하는 행위, 10대의 참여가 많은 행사를 후원하는 행위, 대중 교통이나 광고 게시판에 광고하는 행위, 광고에 만화 캐릭터를 사용하는 행위, (담배 회사)로고가 새겨진 의류 판매 행위 등을 금하고 있다. 유사한 광고 제한은 인도에서도 찾아볼 수 있다.

30. Bates 대 State Bar of Arizona 간의 판례 참고(미 법원 판결문 433권 350쪽 참고

(1978)).

31. Central Hudson Gas와 Electric Corporation 대 Public Service Commission of New York간의 판례 참고(대법원 판결문 100권 234쪽 참고(1982)).

32. Central Hudson Gas와 Electric Corporation 대 Public Service Commission of New York간의 판례 참고(대법원 판결문 100권 234쪽, 2,350쪽 참고(1982)).

33. Bates 대 State Bar of Arizona 간의 판례 참고(미 법원 판결문 433권 350쪽, 283-4쪽 참고(1978)).

34. Central Hudson Gas와 Electric Corporation 대 Public Service Commission of New York간의 판례 참고(대법원 판결문 100권 234쪽, 2,350쪽 참고(1982)).

35. The New Zealand Olympic and Commonwealth Games Association Inc. 대 Telecom New Zealand Limited 간의 판례 참고(FRS 757, 1996(New Zealand HC).

36. 경쟁법의 기본 목적 문제는 오랫동안 토론의 중심문제였다. 경쟁자가 경쟁법의 목적이 시장에 진입하지 못하도록 하는 것인가 아니면 효율성 증대나 총 복지를 증진시키는 것인가 하는 점은 심각한 논쟁 문제였다. 일부 전문가들은 복지를 소비자의 물건/서비스에 대한 평가와 물건이나 서비스를 생산하기 위해 지불한 비용 사이의 차이인 소비자 잉여로 측정하는 것을 선호한다. 다른 요인은 그대로 유지하면서 가격이 낮아지는 경우 더 흑자가 될 것이다. 그러나 제품의 최저 가격을 보장하는 것이 경쟁법의 목적이라는 의미는 아니다. 주식, 상호 기금 등의 구매를 통해 회사 경영에 대한 소비자의 참여 확대의 결과로써 현대의 시장 원동력에 있어서 소비자와 판매자의 절대적인 극성이 점점 변모하고 있기 때문에 문제는 복잡해졌다. 따라서 경쟁법은 소비자 잉여와 생산자 잉여를 모두 극대화하는 전반적인 효율성을 보장하기 위하여 문제의 이중성을 해결해야 한다. 경쟁법 문제는 나라마다 다르며, 강조점도 다르다는 점에 주목해야 한다. 미국의 경쟁법은 경쟁자(사업자)가 아닌 소비자에 의한 피해에 더 초점을 두는 한 편, 유럽의 경쟁법은 소비자와 사업자에게 동등한 중요성을 부여한다. Vinod Dhal이 편저한 『*Competition Law Today- Concepts, issues and the Law in Practice*(오늘 날의 경쟁법- 개념, 문제 그리고 실제)』에 수록된 Valentine Korah의 'Competition Law and Intellectual Property Rights(경쟁법과 지적재산권)' 132-3쪽(뉴델리, Oxford University Press, 2007), Amit Dubna와 Shubhashis Gangopadhyay의 'The Economics of competition Law(경쟁법의 경제학)' 440쪽과 Alfred E Kahn의 'Standard for Anti trust Policy(독점금지 정책의 기준)' 32-3쪽 참고(67 Harv L. Rev. 28, November 1953).

37. 옛날 1776년 논문 '국부론(An Inquiry in the Nature and Causes of Wealth of Nations)'에서 볼 수 있는 자유 시장의 선지자 아담 스미스의 이견이 주목하라. 그

는 '같은 무역 시장의 사람들은 서로 거의 만나지 않는다. 심지어 즐거움과 오락을 위해서도 말이다. 그러나 (드물게 만났을 때)그들의 대화는 대중에 대한 음모나 가격 인상을 위한 몇 가지 계략으로 끝난다' 라는 흥미로운 견해를 밝혔다. 실행하고 있거나 자유와 정의와 관련 있는 어떠한 법에 의해서도 이러한 회의를 방지하는 것은 사실상 불가능하다. 그러나 법이 같은 사업을 하는 사람들을 가끔 모이는 것을 저지할 수는 없지만, 그러한 집회를 가능하게 하는 어떠한 것도 하지 말아야 하며, 회의를 필요성을 부여하지 말아야 한다. Adam Smith의 『*An Inquiry in the Nature and Causes of Wealth of Nations*(국부론)』 1권 5장 2부 참고. 이는 〈http://www.adamsmith.org/smith/won/won-b1-c10-pt-2.html〉에서도 이용 가능하다.

38. 미국의 경쟁법과 정책은 주로 두 학파의 사상에 영향을 받았다. 1950년대의 행동-성과 개념을 발전시킨 하버드 학파는 시장의 구조는 행동에 영향을 미치고 이는 차례대로 성과에 영향을 미친다며, 경쟁관계자의 강력한 개입자 역할을 지지했다. 반면, 1970년대와 1980년대 발달된 시카고 학파의 사상은 독점방지법의 유일한 목적으로써의 효율성을 추구하기 위한 것으로써의 경쟁 관련자가 덜 개입하는 역할을 지지했다. 이들에 의하면, 대부분의 시장은 사실상 경쟁적이며, 진입장벽은 실제보다 더 높으며 기업들은 이윤 극대화의 목적을 추구하는 것이 합리적이다. 이 두 학파의 사상은 현대 미국의 독점방지법의 지적 DNA를 형성하는 이중나선으로써 일부 학자들에 의하여 설명되었다. 반면 유럽의 경쟁법은 경쟁은 경제적 복지를 위해 필요하며, 경제적 자유는 정치적 자유를 위해 필요하다고 믿는 독일의 질서 자유주의 학파의 영향을 받았다. 이 학파의 사상은 정치적 권력에 영향을 끼치지 않기 위해 민간 경재력의 분산을 지지했다. 자세한 내용은 Wanda Jane Rogers의 『*Beyond Economic Theory: A Model for Analyzing the antitrust Implications of Exclusive Dealing Arrangements*(경제적 이론 너머: 독점 거래 협정의 독점 금지 영향 분석을 위한 모델)』 참고(45 Duke L.J. 1009). 이 책에서 저자는 독점방지와 관련된 독점 거래의 맥락에서 여러 학파의 상이한 접근법을 분석했다. William E. Kovacic의 『*The intellectual DNA of Modern US Competition Law for Dominant Firm Conduct: The Chicago/Harvard Double Helix*(우세한 기업의 윤리에 대한 현대 미국 경쟁법의 지적 DNA: 시카고/하버드 이중 나선 구조)』 참고(2007 Columbia Bus. L. Rev. 1, 2007).

39. 이 조약의 81에서 86 조항은 모든 부문에 적용되며, 조항 87부터 89는 주정부의 지원에 대해서 다룬다.

40. 2002년 경쟁법의 제정 배후의 기본 목적은 경쟁에 부정적인 영향을 미치는 관행을 방지, 시장에서의 경쟁을 촉진과 유지, 소비자이익 보호 그리고 인도 시장에서 다른 참여자에 의해 행해지는 무역의 자유를 보장하는 것이다. 2002년 경쟁법

전문을 참고하라. 이 법은 196년 독과점 금지법(Monopolies and Restrictive Trade Practices Act)을 대체하는 것이다. 이 법은 1990년대 경제 자유화를 통해 인도 경제에 일어난 변화의 결과로써 여러 면에서 쓸모 없게 되었다.

41. 경쟁법과 다른 유형의 지적 재산권사이의 마찰 문제를 다루면서, 똑같은 척도를 지적 재산의 모든 형태에 사용하지 말아야 한다. 많은 입안자들은 '지적 재산'이라는 용어는 특허, 저작권, 상표권 등 같이 서로 다른 법률 제도의 모음일 뿐이며, 문제와 관련된 경쟁법에 접근 할 때, 경쟁 당사자는 이 모두를 동일한 관계로 보아서는 안되고, 각각의 제도 너머의 경제 원리의 차이를 알아야 함을 지적했다. 예로써, 〈http://papers.ssrn.com/sol3/papers. cfm?abstract_id=270730#PaperDownload〉에서 Ignacio De Leon의 『*The Enforcement of Competition Policy on Intellectual Property and its Implications on Economic Development: The Latin American Experience*(지적 재산에 대한 경쟁정책의 시행과 경제 개발에의 영향: 라틴 아메리카의 경험)』 참고.

42. 사후 지적 재산권을 통해 부여된 독점은 필요한 투자와 공시에 대해 사전 인센티브 역할을 한다. 반면, 경쟁법은 새로운 기술, 제품 그리고 서비스의 구매, 판매 그리고 경쟁 환경에서 허가되는 것을 보장하는데 있어서 중요한 역할을 한다. Amit Bubna와 Shubhashis Gangopadhyay의 『*The Economics of competition Law*(경쟁법의 경제학)』 445쪽과 〈http://usdoj.gov/atr/public/hearings/ip/intro.pdf〉에서 미국 법무부와 연방무역위원회의(U.S. Department of Justice and Federal Trade Commmunion) 『*Antitrust Enforcement and Intellectual Property Rights: Promoting Innovation and Competition*(2007)(반독점법 시행과 지적재산권: 혁신 촉진과 경쟁, 2007』 참고.

43. 이에 대한 유럽의 견해를 자세히 알고자 한다면, 〈http://en.europa.eu.comm/competition/speeches/text/sp1999_019_en.pdf〉에서 Alexander Schaub의 『*EC Competition Policy and its Implication for the Sports Sector*(유럽공동체의 경쟁 정책과 스포츠 분야에 있어서의 그 영향)』 참고. 경쟁에 대한 유럽위원회 위원들의 의해 피력된 견해는, 〈http://europa.eu/rapid/opressReleasesAction.do?reference=SPEECH/01/84&format= HTML&aged=0&language=EN&guiLanguage=en〉에서 Mario Monti의 『*Competition and Sport the Rules of the Game*』 참고.

44 예를 들어, 유럽공동체의 Eurovision 사건(Case IV, 32.150, May 10, 2000)와 Bosman 사건(Case C-415/93, Union Royale Belge de Societes de football ASBL 대 Bosman)과 Baltimore Inc. 내 National League of Professional Base Ball Clubs 간의 판례에서 미국 대법원의 획기적인 판결(1922)을 참고하라. 또한, 〈http://www thesportjournal.org/2005Journal/Vol8-No1/SCJ_04_antitrust.asp〉에서 Glaucio Scremin의 『*Impact of Antitrust Laws on American Professional Team Sports*(미국 프로

구단에 있어서 독점금지법의 영향)』과 Alexander Schaub의 『*EC Competition Policy and its Implication for the Sports Sector*(유럽공동체의 경쟁 정책과 스포츠 분야에 있어서의 그 영향)』 참고.

45. John A. Fortunato의 『*Reconciling Sports Sponsorship Exclusivity With Antitrust Law*(독점금지법으로 스포츠 후원 독점 완화)』 40-5쪽 참고(Tex.Rev. Ent. And Sports L. 33, Spring 2007). 저자는 주로 스포츠 스폰서십과 관련된 독점 계약은 우세한 브랜드가 상당한 친숙함과 신뢰를 얻기 위해 부차적인 브랜드를 무력하게 만듦으로써 제품을 홍보하고 판매하도록 하는 기회를 만든다는 점을 주장하며 이 점을 확립한다. 이 문제는 후원자 명과 경기장을 함께 명명하는 것과 같은 확장된 권리가 허용되는 경우에서 훨씬 더 지배적이다. 이 논쟁은 대부분의 기업이 접근할 수 없도록 하는 스폰서십 계약의 높은 비용에 의해 뒷받침 된다.

46. 위와 동일한 책 42-4쪽 참고.

47. 올림픽 파트너(TOP) 프로그램의 경우, 대부분의 기업이 올림픽 파트너 프로그램을 위해 IOC와 2012년까지 계약을 맺었음을 볼 수 있다. 식품 소매 서비스의 예를 들어보면, 맥도날드가 식품 소매 서비스 분야에서 2004년부터 8년 동안 올림픽 파트너였음을 알 수 있다. 〈http://www.olympic.org/uk/organisation/facts/programme/profiles_uk.asp〉 참고. ICC와 FIFA 또한 장기 후원 계약을 선호한다. 예를 들어, 최근에 FIFA는 2014년까지 금융 서비스 부문에서 VISA사에게 'FIFA 파트너'자격을 주었다. 〈http://www.fifa.com/aboutfifa/marketingtv/releases/newsid=540450.html#visa+becames+fifa+partner+period+through+2014〉 참고.

48. Vinod Dhal이 편저한 『*Competition Law Today- Concepts, issues and the Law in Practice*(오늘 날의 경쟁법- 개념, 문제 그리고 실제)』에 수록된 Vinod Dhal의 'Key Concepts in Competition Law(경쟁법의 핵심개념)' 8쪽 참고(Oxford University Press, 뉴델리, 2007).

49. 인도의 2002년 경쟁법 제3조는 반경쟁 협의에 대해서 다룬다. 이 법의 제4조는 지배적 우위에 관하여, 제5조는 연합에 대해서 다루고 있다.

50. '다른 규제(other regulations)라는 용어는 회사와의 계약, 전국연합과의 계약을 포함하는 넓은 관점에서의 용어로 사용되었음을 고려해야 한다.

51. 무역관련 지적재산권에 관한 조약(TRIPS) 제40조항 참고.

52. 예를 들어 2002년 인도 독접규제법 제3조를 참고하라. 반경쟁 협정의 경우, 위원회는 직권 또는 어떠한 개인, 소비자, 소비자 협회, 무역협회 혹은 중앙 정부나 주정부, 법정 기관에 의해 만들어진 참고 문헌으로부터 불만을 근거로 법령을 개시할 수 있다. 2002년 경쟁법 제19(1)조 참고.

53. 2002년 경쟁법 제3(2)조 참고.

54. 경쟁법 제2(b)조에 의하면, "협정(Agreement)"은 어떠한 협의, 이해 혹은 법적 조치 모두를 포함한다.

(i) 그러한 협의, 이해 혹은 법적 조치가 공식적인지 서면으로 이루어진 것인지 여부와 상관없다. 또는

(ii) 그러한 협의, 이해 혹은 법적 조치가 법적 절차에 의해 시행할 수 있도록 계획된 것인가 하는 점과 상관없다.

이 정의 조항의 실제 규모는 우리가 이 조항을 경쟁법 제3(1)조에 적용했을 때 볼 수 있을 것이다. 경쟁법 제3(1)조는 어떠한 기업, 기업이나 개인의 연합도 인도 내에서 경쟁에 있어서 주목할 만한 부정적인 영향을 야기하거나 야기할 것 같은 제품, 공급, 유통, 저장, 물품의 취득이나 처분 혹은 서비스 제공에 대한 어떠한 합의에 들어가서는 안 된다는 점을 기술하고 있다. 경쟁법 제2(l)조와 2(h)조는 'person'과 'enterprise'란 용어를 각각 정의한다. 용어 'person'는 개인, 회사, 기업, 개입 협회, 등록된 협동조합, 지방 자치 단체와 모든 인위적인 사법인을 포함하여 매우 광범위하게 정의된다. 'enterprise'란 용어는 개인이나 정부 기관을 포함한다.

55. 용어 'enterprise(기업)'를 정의하는 2002년 인도 경쟁법 제2(h)조 참고. 이 정의 조항에서, 정부의 독립된 기능은 경쟁법의 조항에서 제외된다. 이 조항에서 구체적으로 포함된 독립된 기능은 원자 에너지, 통화, 국방 그리고 우주와 관련된 것들이다.

56. 2002년 인도 경쟁법 제3(l)조 참고. 제3(l)조: 어떠한 기업, 기업이나 개인의 연합도 인도 내에서 경쟁에 있어서 주목할 만한 부정적인 영향을 야기하거나 야기할 것 같은 제품, 공급, 유통, 저장, 물품의 취득이나 처분 혹은 서비스 제공에 대한 어떠한 합의에 들어가서는 안 된다. 로마조약의 81조항도 유사한 관점을 취한다. 미국의 셔먼법 제1조는 여러 주 사이 혹은 외국 국가와의 거래나 상업 활동을 억제하는 모든 계약이나 모의를 불법임을 밝힌다. 셔먼법 제2조는 여러 국가 사이 혹은 외국 국가와의 거래나 상업활동의 어떠한 부분에 있어서도 독점 혹은 다른 사람 혹은 사람들과 독점을 모의하는 것은 위법행위임을 기술한다.

57. 지리적 시장과 관련 상품 시장 기술과 관련된 문제를 자세히 알고자 한다면, Wanda Jane Rogers의 『*Beyond Economic Theory: A Model for Analyzing the antitrust Implications of Exclusive Dealing Arrangements*(경제적 이론 너머: 독점 거래 협정의 독점 금지 영향 분석을 위한 모델)』 1,033-9쪽 참고.

58. 지리적시장(Geography market)의 정의에 대한 설명은 2002년 경쟁법 제2(s)조 참고.

59. 생산시장(Product market)의 정의에 대한 설명은 2002년 경쟁법 제2(t)조 참고.

60. 제품 교환과 관련된 문제 중 일부를 이해하는 지침으로써 도움을 될 흥미로운 Untied States 대 Dupont & Co. 간의 판례다(351 US 377, 1956). 이 사건에서, 상소인은 유연포장 재료로 사용되는 셀로판의 제작자였다. 상소인은 미국에서 팔리는 전체 셀로판의 시장 점유율의 75퍼센트 이상을 차지했으나, 셀로판은 전체 유연포장재 시장의 20프로 이하를 이루었다. 법정에 제기된 주요 문제 중 하나는 관련 제품 시장이 셀로판 시장인지 유연포장재료 시장인지 하는 것이었다. 이 사건에서 대법원은 셀로판은 수많은 다른 유연 포장 재료와 교환가능하기 때문에 관련 시장은 유연 포장 재료 시장이라는 주장을 지지했다.

61. 당연위법 법칙 아래에서, 경쟁에 있어서 부정적인 영향을 미칠 것으로 간주되거나 추정되는 법으로 명시된 행위나 관행은 그 자체로 금지된다. 반면, 합리성의 원칙 아래에서는 경쟁의 효과는 실정, 시장 그리고 경쟁에 근거해 결정된다. T. Ramappa의 『*Competition Law in India*(인도의 경쟁법)』 75-81쪽 참고(뉴델리, Oxford University Press, 2006). 인도에서는 스포츠 행사와 스폰서십 계약의 독특한 특성이 합리성의 규칙 아래 독점 공급 및 유통 계약이 초래한다.

62. Tata Engineering and Locomotive Co. Ltd 대 registrar of Restrictive Trade Agreement 간의 판례 참고(1977, 47 Comp Cas 520, 대법원). 이 사건에서, 주요 문제는 TELCO와 그들의 중개인들 사이에 맺어진 엄격한 판매지역할당에 관한 계약이 거래규제법인지 아닌지 하는 점이었다.

63. 지적재산권 보호를 위해 지적 재산권 소유자에 의해 도입된 합리적인 조건인 제3조의 조항에서 제외된 2002년 경쟁법 제3(5)조 참고. 경쟁법 아래에서 지적 재산권에 대한 예외와 관련된 문제를 논의하는 판례법은 Parke, Davis and Co. 대 Probel, Reese, Beintema-Interpharm과 Centrafarm 간의 사건에서의 사법 재판소의 결정이다(1968, ECR 81).

64. 2002년 경쟁법 제3(5)조 참고. 현재, 이 조항은 오직 6개의 규정을 담고 있으며, 2001년의 식물품종보호와 농업인의 권리법을 포함하지 않고 있다.

65. 2002년 경쟁법 제3(5)조 참고.

66. 무역관련 지적재산권에 관한 조약(TRIPS) 제40조항 참고. 이 조항은 시장에서 경쟁의 역효과를 야기하는 지적재산권의 오용을 예방하기 위한 조치를 강구하는 연합국의 권리를 인지하고 있다.

67. 제19(3)조 참고. 이는 협정이 경쟁에 있어 역효과인지 아닌지를 결정할 수 있는 지침을 제공한다.

68. 예를 들어, 2002년 인도 경쟁법 제19(1)조를 참고 하라. 이 조항에 따르면, 경쟁 당사자들이 시장 지배적 지위의 남용으로 여겨지는 어떠한 행위를 발견한다면, 경쟁 위원회는 직권 또는 어떠한 개인, 소비자, 소비자 협회, 무역협회 혹은 중앙

정부나 주정부, 법정 기관에 의해 만들어진 참고 문헌으로부터 불만을 근거로 제기된 조항 위반을 조사할 수 있다.

69. ICC는 여기서 예로써 사용되었을 뿐이며, ICC의 상품에 대한 어떠한 것도 의미하려는 의도는 과거에도 현재에도 없다.

70. 이러한 규제는 2006년 FIFA 월드컵과 2007년 ICC 크리켓 월드컵에서 찾아볼 수 있다.

71. Vinod Dhall이 편저한 『*Competition Law Today- Concepts, issues and the Law in Practice*(오늘 날의 경쟁법- 개념, 문제 그리고 실제)』에 수록된 Robert D. Anderson과 Alberto Heimler의 'Abuse of Dominant Position-Enforcement Issues and Approaches for Developing Countries(지배적 지위 악용 – 집행문제와 개발도상국 접근에 대하여' 59쪽 참고(Oxford University Press, 뉴델리, 2007).

72. 2002sus 인도 경쟁법 제4조의 설명 부분 참고. 이 설명 조항에 대한 자세한 설명은 T. Ramappa의 『*Competition Law in India*(인도의 경쟁법)』 140-1쪽 참고.

73. 기업에 의해 부과된 높은 스폰서십 비용은 시장의 힘을 묵살하기 위한 기업의 유용한 지배 지표로써 작용될 수 있는 반면, 전 세계의 결정을 미루어 보았을 때, 이 높은 비용 그 자체로는 그러한 지배적인 지위 남용을 확립해서는 안 된다. 예를 들어, Parke, Davis and Co. 대 Probel, Reese, Beintema-Interpharm과 Centrafarm 간의 사건에 있어서의 사법 재판소의 결정(1968, ECR 81)과 Deutsche Grammophon Gesellschaft mbH 대 Metro-SB-Groβmarkte 간의 판례 참고(1971, ECR 487).

74. Robert D. Anderson과 Alberto Heimler의 『*Abuse of Dominant Position – Enforcement Issues and Approaches for Developing Countries*(지배적 지위 남용 - 시행 문제와 개발도상국을 위한 접근법)』 64쪽 참고.

75. 이러한 진입 장벽은 BCCI에 대항해 인도에서 새로운 크리켓 리그를 만들려고자 한 Essel 그룹이 직면한 어려움에서 볼 수 있다. ICC는 인도 크리켓 연맹(ICL)에 대한 인가를 거부했다. 『*Economic Times*』에 수록된 'ICC Throws its Weight Behind BCCI, Won't Approve League (ICC, BCCI를 지지하기 위해 힘쓰다 – 리그를 승인하지 않을 것)' 5쪽 참고(아마다바드: 2007년 8월 29일).

76. Robert D. Anderson과 Alberto Heimler의 『Abuse of Dominant Position – Enforcement Issues and Approaches for Developing Countries (지배적 지위 남용 - 시행 문제와 개발도상국을 위한 접근법)』 65쪽 참고.

77 자세한 내용은 T. Ramappa의 『*Competition Law in India*(인도의 경쟁법)』 143쪽 참고.

78. Robert D. Anderson과 Alberto Heimler의 『*Abuse of Dominant Position – Enforcement Issues and Approaches for Developing Countries*(지배적 지위 남용 - 시행 문제와 개발도상국을 위한 접근법)』 67쪽에서 인용된 J. Vicker 견해 참고.

79. 2002년 경쟁법 제4(2)(a)조부터 (e)까지 참조. 이 법 조항은 크게 배제남용과 착취남용으로 분류할 수 있다.

80. Robert D. Anderson과 Alberto Heimler의 『*Abuse of Dominant Position – Enforcement Issues and Approaches for Developing Countries*(지배적 지위 남용 - 시행 문제와 개발도상국을 위한 접근법)』 68쪽 참고.

81. 미국 당국이 IP 소유자의 라이센스를 결정하거나 거부할 권리를 인정함으로써, IP 소유자에 대해 호의적인 입장을 취하는 반면, 유럽 당국은 그다지 관대하지 않다. 유럽 사법 재판소에 의하면, (1) IP 보호 제품에 대한 실질적이거나 잠재적인 대체품이 없을 때, (2) 배제에 대한 사업 정당성이 없을 때, (3) 새 제품이 라이센스 거부의 결과로써 소비자에게 거부될 때, 라이센스 거부는 남용으로 취급될 것이다. 예를 들어, Radio Teefis Eireann (RTE)와 Independent Television Publications Ltd (ITP) 대 Commission 간의 판례(1995, ECR 748)와 IMS Health GmbH & Co OHG 대 NDC health GmbH와 Co KG 간의 판례(2004, ECR I5039)를 참고하라. 시장에서 경쟁의 보호의 필요성과 지적재산권에 의해 만들어진 독점의 접점의 경우와 관련된 주요 문제는 지적 재산권의 소유자에게 줄 보상금을 추산함에 있어서의 어려움이다. 보상할 금액에 독점 이윤의 손실을 포함해야 하는가에 대한 문제는 가장 논란이 많은 문제이다. 지적재산권과 경쟁법 사이의 잦은 접점 문제에 대한 자세한 내용은, Valentine Korah의 『*Competition Law and Intellectual Property Rights*(경쟁법과 지적재산권)』 129-48쪽 참고.

82. 인도 경쟁 위원회는 최근에 사전 대책을 강구하는 태도를 취하고 있다. 인도 우편 서비스를 살린다는 명목 하에 500그램 미만의 우편 서비스를 독점한다는 인도 정부에 강하게 항의한 경쟁위원회의 효과적인 옹호는 이 점에 있어서 확실한 지표이다. 전 세계의 다른 경쟁 당국으로부터 유사한 경향을 찾아볼 수 있다. 주요 경쟁사 AMD를 배제할 목적으로 컴퓨터 프로세서 시장에서 지배적 지위를 남용한 점 혐의를 제기하면서, 2007년 7월 26일에 유럽 경쟁위원회가 Intel에게 보낸 이의 성명은 이 점에 대한 또 다른 좋은 예이다. 최근에 보여진 또 다른 경향은 경쟁 당국의 조치에 대한 더 나은 매스컴의 보도이며, 이는 소비자의 이익을 보호하기 위한 경쟁 당국의 적극적인 역할에 대한 정보 보급에 있어서 매우 도움이 된다.

결 론

지적재산은 신정보 경제에서 기업이나 개인에게 가장 귀중한 재산으로 여겨진다. 어떤 사람의 힘이 물리적 재산의 측면이 아닌 소유한 지적재산의 질과 양에 의해서 결정되는 시대가 도래했다. 최근에 우리는 시장을 지배하는 회사들이 지적재산 위반에 연루됐을 때 그들의 생존을 위해 작은 회사들에게 자비를 호소하는 것을 종종 목격한다. 가장 좋은 사례는 블랙베리 특허논쟁일 것이다. NTP 로 불리는 비교적 작은 업체에 의해서 특허소송에 직면해 있을 때 미국에서 블랙베리사의 모바일 서비스의 존재는 매우 위험한 지경에 처하게 되었다. 그런 확고한 논쟁은 지적 재산의 힘이 강도 면에서 확장될수록 그것을 보호하기 위한 필요와 고뇌 또한 증가한다는 것을 보여준다. 우리가 앞 장에서 살펴 보았듯이, 다양한 형태의 지적 재산은 어떤 행사의 행동과 결부되어있다. 어떤 사람이 앰부시 마케팅에 연루될 때 그는 가치 있는 지적재산을 공짜로 얻으려 한다. 비록 그 관행이 창조적인 형태의 광고로 시작했지만, 그것은 후에 기업체 후원을 이끌어 내는 거대한 행사의 진행을 위협할 수 있는 기생적인 문제인 것으로 판명이 났다. 과거에 주요 행사 동안에 발생한 다양한 형태의 앰부시 마케팅에 관한 앞선 분석이 이 사실을 입증한다. 성공적인 행사의 진행을 위해서 필요한 엄청난 비용 때문에 후원업체 없이 더 많은 관객을 갖는 멋진 행사를 개최하는 것은 거의 불가능하다. 그리고 자주 매복되는 행사 진행을 위해서 어떤 후원자도 공짜 기부를 하지 않기 때문에 행사 주최측은 매우 진지하게 앰부시 마케팅의 현안을 다룰 수 밖에 없다.

3장에서 보았듯이 상표권 위반, 저작권 위반과 같은 전통적인 법률조치들에 의존하여 행사 주최측은 매복 위협에 대응해 왔다. 그러나 이러한 기존의 법률조치들이 앰부시 마케팅에 대항해야 한다는 정확한 목표로 구체화 되어 있지 않기 때문에 이러한 법률조치들은 2장에서 논의된 상황에서 성공적으로 대처하지 못하였다. 비록 수치상으로는 낮지만 전 세계 법원에서 보여준 그 사례들이 이러한 현실을 보여준다. 결국 지속적으로 진화하는 앰부시 마케팅 기법들을 효과적으로 다루기 위한 합당한 조치들을 찾는 것이 시급하다.

앰부시 마케팅의 현안들을 다룰 수 있는 적절한 처방책을 찾으면서 특정 행사에 맞는 법규가 가장 가능성 있는 장치라는 사실을 알게 되었다. 교정광고에 대한 조항과 같은 획기적인 조치들을 통하여, 2000년 시드니 올림픽은 앰부시 마케팅을 방지한 포괄적이면서 효과적인 입법으로 판명되었다. 결과적으로 2000년 올림픽은 깨끗한 행사로 명성을 얻었다. 하지만 앰부시 마케터들에게는 최악의 행사였다. 시드니 게임을 본 받아서 영국은 2012년 올림픽 동안 앰부시 마케팅 위협에 맞서 싸우기 위해 런던 올림픽 및 장애인 올림픽 법을 제정했다. 비록 그 법안이 2012년 규제들을 만들기 위해서 광고규제의 틀을 짜는 현안들을 부차적인 입법으로 남기지만, 이 법령에서 앰부시 마케터들과 맞설 수 있는 매우 포괄적이고 공격적인 계획을 찾을 수 있다. 그 중 하나는 범죄적으로 책임을 져야 하는 법령의 조항들을 제정하는 것이다. 이 법령은 인가 받지 않은 입장권 판매 및 거리판매와 같은 문제들을 다룰 때도 충분히 효과적이다. 행사에 맞는 입법을 만드는데 이러한 역동적인 접근은 선진국에만 국한되지 않는다. 개발도상국들도 유사한 정도의 엄격함으로 접근하기 시작했다. 중국에 의해 만들어진 올림픽 상징 보존에 관한 규제는 좋은 사례이다. 다른 입법에서 보여준 유사한 확고부동함을 유지하면서 중국 규제는 중재를 통해서 논쟁의 해결 가능성을 보여줬다. 이러한 입법적인 개입들은 앰부시 마케팅과 싸울 때 얼마나 이론적이고, 완벽한 입법들이 필요한지를 보여줬다. 그럼에도, 이 입법은 특히 관중의 입장에서 강력한 비판을 받았다. 예를 들면 지난 ICC Cricket World Cup같은 경우에도 수많은 크리켓 팬들이 주최측의 반 앰부시 마케팅에 관한 우려가 그 행사의 흥미와 명예를 손상시키기 때문에 지나치다고 불평했다. 크리켓에 관한 대부분의 블로그들은 크리켓 월드컵을 매혹적인 캐러비안 섬의 풍광에서 크리켓의 재미를 망치게 한 시대착오적인 입법으로 몰아 부쳤다. 결과적으로 오늘날 행사 주최측에게 요구되는 도전 과제는 그 행사의 근본적인 기쁨과 활력을 훼손하지 않고 진정한 상업적인 이익을 보호하는 것이다. 행사 주최측과 후원사들의 합법적인 권리와 일반 관중들의 기본 권리간에 균형을 이루는 것이 중요하다. 새로운 가능성을 실험하는 것, 예를 들면 개최 장소 안에서 비 후원사들의 음료와 음식들을 상표를 없애고 포장에 넣어서 판매하는 것과 같은 새로운 가능성들을 연구해보는 것이 이러한 맥락에서 진지하게 요구된다. 이러한 작은 노력들이 대중의 비난을 줄이면서 동시에 앰부시 마케팅의 위협적인 요소를 해결하는 단서가 된다. 또한 모든 것을 포용하고 동시에 평등한 법률 조치만으로 앰부시 마케팅에 맞설 수 있다고 생각하는 것은 잘못된 발상이다. 소송은 엄청난 비용이 소요

되며, 그 과정은 고되고 길다. 여기서 중요한 것은 앰부시 마케팅의 폐해를 대중들이 인식시키는 것이다. 놀랍게도 앰부시 마케팅에 대해 대중들의 인식도는 매우 낮다. 따라서 고객들과 관중들에게 앰부시 마케팅은 궁극적으로 행사를 망치는 치명적인 행위라는 사실을 확신시키는 것이 필요하다. 궁극적으로 알고 있는 일반대중의 반대가 문제를 해결할 수 있다.

대중의 인식을 높이는 것과 동시에 해야 하는 또 다른 필수적인 측면은 홍보를 전문적으로 관리하는 것이다. 이것이 경기 관람객에게 월드컵이 진행중인 동안 앰부시 마케팅을 반대하는 행위에 과잉대응한 것에 대해 FIFA에 대해 제기된 고소와 같은 사건의 배경에 특별한 중요성을 가정한다. 유사한 혐의들이 2007년 크리켓 월드컵에서 극단적인 반 앰부시 마케팅에 혐의가 씌워졌다. FIFA의 마케팅 담당자는 공개적으로 홍보를 적절히 관리하는 것을 실패한 것으로 여기며, 이것을 수용할 만큼 충분히 현실적이었다. 적절한 홍보와 그것에 귀결하는 친밀감이 부재하면서, 그 언론사와 대중들은 가혹함에 대해서 주최측에 반감을 가질 것이다. 유창한 법률지식을 갖춘 조사대원이 더 좋은 행사를 확실히 하는 데 크게 도움이 될 수 있다.

그렇지만 인간의 창의력이 그들의 욕구만큼 무제한적이기 때문에 앰부시 마케팅도 더 큰 총량으로 기대될 수 있다. 전 장들에서 제시되었듯이 총체적인 연구방법이 적어도 앰부시 마케터들에게 경고를 줄 것이다.